Adolescentes

Adolescentes
«Qué maravilla»

Eva Bach Cobacho

Primera edición en esta colección: febrero de 2008
Vigesimoprimera edición: septiembre de 2022

© Eva Bach Cobacho, 2008
© de la presente edición: Plataforma Editorial, 2008
© de la fotografía de la cubierta: Sandra Karro, 2008

Plataforma Editorial
c/ Muntaner 269, entlo. 1ª - 08021 Barcelona
Tel.: (+34) 93 494 79 99
www.plataformaeditorial.com
info@plataformaeditorial.com

Depósito legal: B. 23.461-2011
ISBN: 978-84-96981-07-2
Printed in Spain – Impreso en España

Diseño de cubierta y composición:
Rubén Verdú y peeping monster
www.peepingmonster.com

Composición:
Natàlia Campillo

Impresión:
Prodigitalk (BookPrint Digital)

Reservados todos los derechos. Quedan rigurosamente prohibidas,
sin la autorización escrita de los titulares del *copyright*, bajo las sanciones establecidas
en las leyes, la reproducción total o parcial de esta obra por cualquier medio o procedimiento,
comprendidos la reprografía y el tratamiento informático, y la distribución de ejemplares
de ella mediante alquiler o préstamo públicos.

A mi querido padre y a mi querida madre.
Por todo el amor que me ofrecen
y que día a día redescubro en ellos.

A ellos debo lo mejor de mí
y lo mejor que podré dejar a mis hijos.

*Existen adolescencias peligrosas o desgraciadas,
pero la mayoría de ellas,
incluso las que se llenaron de sufrimiento,
serán construidas positivamente.*

Mariano Royo Arpón

Índice

Agradecimientos 15
Introducción 19
   Desde mi condición y corazón de madre 19
   ¿Cuánto va a durar esto? 20
   Ninguna generación es mejor ni peor que otra 24
   «¡Ya verás cuando sean adolescentes!» 26
   Con amor y autoridad, también en la adolescencia 29
   Reencontrar lo esencial e imperecedero 32
   Vivencias propias y ajenas 34
Un puente entre dos mundos 37
Más claro y menos alto 39
Lo imperfecto también es perfecto 41
Las caricias, alimento del alma 43
Hace 5.000 años ya eran así 45
¿Entrañable y divertida, dice? 47
Al revés te lo digo para que me entiendas 49
«Tú y yo no nacimos el mismo día» 51
Cuando padres e hijos estamos «pavos» 53
Mayor que tú en edad y en madurez 55
No me llames Dolores ni me llames Lola 57
Yo la madre, tú el hijo 59
Así me lo enseñaron a mí mis padres 61

Si nosotros hemos salido bien, será que ellos no lo hicieron tan mal	63
Cuanto mejor, peor	65
Hoy lo haremos a la manera de tu padre	67
«Preciso, conciso y macizo»	69
«No me ralles» o bajo el síndrome de Peter Pan	71
Mi misión es «rallarte»	73
«Mamá, rállame, por favor»	75
Efectivamente, te estoy controlando	77
Todavía no…	79
Cuando cumplas los 18, esto no va a ser jauja	81
Libre tú pagando yo, va a ser que no	83
Sin vuelta de hoja	85
¿Más mano dura y menos contemplaciones?	87
No me mires así, que no estoy empanada	89
«Volando voy, volando vengo…»	91
Si yo te hablo bien, tú me hablas bien	93
Mal de muchos, nos ayudamos entre todos	95
El televisor y el sofá son míos	97
Los «tope manta»	99
El «peaje» de ser padres	101
Servicio de traducción simultánea	103
Pequeños grandes actos de amor	105
Por el artículo 155	107
Déjame hacer mi vida	109
Los otros también existimos	113
Un favor y dos, si quieres	115
Un adulto de confianza cerca	117
¡Qué modernos y enrollados somos!	119
Lealtades insospechadas	121
Las niñas, de la madre; los niños, del padre	123
Tienes tres opciones	125

Índice

Moto no rima con suspenso... 127
«Me alegro de que seas inteligente» 129
Reconocerlo, mejor que negarlo 131
Callar a tiempo..133
Todo, menos tomarnos el pelo..................................... 135
Máster del universo 137
Vida sólo tiene una.. 139
La primera vez en mi vida
   que tengo un hijo adolescente....................................141
Disimula, mula... 143
Cuestiones «peliagudas»...145
Nos guste o no, la imagen cuenta 147
Ya sé que eres adolescente, pero...
   ¡tirandito para adulta, sin entretenerte!....................149
Sexo, drogas & rock 'n' roll 151
Nosotros ya te hemos dado suficiente 153
En mi mesa vas a tener un plato,
   pero mejor que no te haga falta................................155
Algo sagrado 157
Mirarlos con buenos ojos... 159
Madurar es «volver a casa» 161
¿Te he dicho que te quiero?...163
Bibliografía...165

Agradecimientos

A mis dos abuelos y a mis dos abuelas, a los que cada día recuerdo y quiero más, por sus enseñanzas, sus cuidados y su protección.

A mi hermana. Porque con ella todo ha sido más bonito y llevadero.

A José A., por su exquisitez personal, su amor y sus cuidados. También por la magia de sus músicas. Y a sus padres, Antonio y Margarita, por traerlo a la vida y hacerle sencillamente delicioso.

A Jordi, por su apoyo y su respeto, y por ser el mejor padre para nuestros hijos. También a sus padres, Daniel y Montserrat. Con especial cariño a su madre, por su elegancia y su bondad.

A mis dos amados hijos, Marc y Adrià, por no dejarme otra opción que crecer y madurar. Al mayor, por todos los aprendizajes a que ha dado pie su adolescencia, por su sentido del humor, su ternura y su nobleza de corazón. Al pequeño, por su ilusión, su chispa y su mirada sensible. A los dos, por el tiempo robado y ganado cuando escribo.

A Octavio y a Mila, por ser un lujo de padres y cuñados.

A Olga y a Tito. Por su alegría y su encanto. Y por nuestras cenas «risoterapéuticas», llenas de espontaneidad, creatividad y buen humor, que dan lugar a ideas locas y no tan locas...

A Oscar, por estar tan cerca y por la calidez que desprende. También a Margarita y a Txus. En ellas dos y en Olga intuyo la huella entrañable de su madre, a quien tanto me hubiera gustado conocer.

A Sabina y a Imma. Por ser preciosas ambas y por darme un lugar.

A todos los maestros y maestras de mi vida. A la Srta. Roser, mi adorada primera señorita, y a todos los que vinieron después, con especial cariño a Don Antonio Mayol, querido e inolvidable maestro y mentor.

A Fulgencio Bernal, por abrir camino, y a Paco Sanz, mi querido gran maestro de crecimiento personal, por su humanidad, su integridad personal, su altura ética y por poner las bases para todo lo que ha venido después.

A mi grupo de Matola y a toda mi gente de Elche, mi segunda casa. Porque lo primero siempre será lo primero y los llevo muy dentro de mi corazón.

A Pere Darder, Anna Forés y Cecilia Martí, por su cercanía, su cariño y su amistad. Después del camino recorrido juntos y de haber dado los primeros pasos de su mano, ha sido más fácil lanzarme a esta aventura en solitario.

A mi querido amigo y compañero Mariano Royo, porque buena parte de lo más interesante que he aprendido sobre adolescencia se lo debo a él, a su experiencia y sabiduría, a su verbo claro y preciso y a su extraordinaria capacidad para

Agradecimientos

mirar a los adolescentes con buenos ojos y extraer lo mejor de ellos. Gracias de corazón, «capitán».

A mis compañeras y compañeros del grupo Emociones y Desarrollo Personal del Profesorado, del Departamento de Educación de la Generalitat de Catalunya, por todo lo que aprendemos y disfrutamos juntos y porque las emociones están en todo. A Anna Carpena, coordinadora del grupo, por su pertinaz y valiosísima labor.

A Angélica Olvera, la más reciente de mis maestras, por su genialidad y por enseñar tan bella asignatura. Gracias a ella y a Marianne Franke, que nos han acercado la perspectiva de la pedagogía sistémica con el enfoque Bert Hellinger, lo anterior ha cobrado nuevos sentidos. También a Bert Hellinger, por sus valiosas aportaciones sobre los órdenes del amor, que he tenido muy presentes al escribir este libro.

A Joan Garriga y a Mireia Darder (también a Vicens Oliver), por su magnífica y prestigiosa labor al frente del Institut Gestalt de Barcelona. Y por traer a Angélica a Barcelona y llevarme hasta ella.

A mis compañeras y compañeros de la primera promoción de Pedagogía Sistémica del Institut Gestalt de Barcelona y también a los del grupo de pedagogía sistémica del ICE de la Universidad Autónoma de Barcelona, por su compañía y su afecto. A Carles Parellada, por sostener ambos grupos y por su inagotable capacidad conciliadora y de escucha. También a Mercè Traveset, por su claridad, sus enseñanzas y su coraje.

A mi querida y adorable amiga Maribel y a todas las personas que, como ella, han sabido darme tan sabios y buenos consejos para educar a mis hijos y vivir mejor su adolescencia.

A todos los autores/as de los libros sobre adolescencia que he leído, la mayor parte de los cuales están citados al final en la bibliografía, porque todos me han aportado algo importante y digno de ser tenido en cuenta. Muy especialmente a Alejandra Vallejo Nájera, cuyo libro fue para mí un buen referente y una gran ayuda en mi primera conferencia sobre adolescentes, allá por el año 1997.

A los padres y madres que asisten a mis conferencias, cursos y talleres, por su confianza y por contarme algunas de las vivencias y anécdotas que aparecen en este libro.

A mis amigas y amigos, así como a tantas personas conocidas, por las reflexiones y aprendizajes que he podido extraer a partir de nuestras conversaciones y confidencias.

A las «churris five», por ser geniales y encantadoras, y porque a su lado puedo ser una madre más.

A Jordi Nadal, querido editor, amigo y excelente persona, por su entusiasmo y confianza, y por editar libros con alma. También por ser nuestra Plataforma y por recoger de Enric Folch Ríos, mi primer e inolvidable editor, el testigo de editor fiel, incondicional y con corazón.

A Cati Farrán, una gran dama de la edición, por su excelencia personal y profesional y por la buena estrella que irradia y contagia.

A Sandra Karro, por su talento y sensibilidad. A su padre, su vecinito, a José y a Adrià, por tendernos sus manos. A Oscar, Camil, Tito y Olga, por su genialidad.

Introducción

Desde mi condición y corazón de madre

Éste es el sexto libro que publico y el primero que escribo como madre, además de como pedagoga y maestra.

A pesar de que hace ya una década que doy conferencias a padres y madres de adolescentes, hasta una vez transcurrida la adolescencia de mi hijo mayor, no me he decidido a plasmar por escrito una serie de reflexiones y vivencias en torno a una etapa de la vida que suele ser bastante agitada y que despierta grandes dudas, temores y preocupaciones, así como sentimientos encontrados y a menudo difíciles de sobrellevar en los padres.

Cuando determinadas situaciones se han vivido o padecido en la propia piel se está en mejor disposición de abordarlas y de reparar en ciertos detalles que, de otro modo, pueden pasar por alto. Cuando desde la condición de madre o padre se ha podido experimentar en algún momento un profundo sentimiento de amor y ternura hacia los hijos y, al mismo tiempo, también un deseo profundo de que llegue el día en que se emancipen, se entienden algunas cosas que, de lo contrario, es más difícil entender.

Una compañera de trabajo me contó hace unos años que cuando sus hijos eran pequeños los había disfrutado muchísimo, pero que cuando eran adolescentes se los habría regalado a alguien o los habría metido de nuevo por donde habían salido. A mí me pareció un poco bruto y exagerado por su parte, pero en varios momentos de la adolescencia de mi hijo me he acordado de sus palabras y he podido comprender por qué las decía.

Los adolescentes se muestran a veces encantadores y maravillosos, y a ratos se ponen también imposibles y no hay quien los aguante. Tienen grandes capacidades, están en pleno despertar a la vida y poseen un inmenso potencial, pero carecen de la madurez necesaria para canalizarlo adecuadamente y por eso nos siguen necesitando. La mayoría de padres actuales nos esforzamos por acompañarlos en la aventura de crecer a través de la comprensión y el diálogo, pero a menudo tenemos la sensación de que no logramos comunicarnos realmente con ellos. Tampoco conseguimos que se sitúen en su lugar de hijos, que nos tengan en cuenta y nos respeten como es debido.

Antes de perder definitivamente los nervios o de tirar la toalla y desistir de nuestras funciones, podemos probar otras opciones que muchas veces funcionan. Una de ellas es, como veremos, la de hablarles de un modo lo más claro, preciso y conciso posible, conjugando la autoridad que como padres y adultos nos corresponden, con el amor y la ternura que hacen falta para alcanzar sus corazones.

¿Cuánto va a durar esto?

Quienes me conocen saben que en mi quehacer profesional me siento muy a gusto y me aplico a fondo, pero es en mi tarea de madre donde siento que mi contribución al futuro es más personal y comprometida. También es en mi condición de madre, a la par que en mi vida de pareja, donde he ido encontrando una de las más bellas e irrenunciables motivaciones para seguir creciendo como persona.

Sin embargo, reconozco que no podría haber escrito lo mismo ni del mismo modo si no llevara el tiempo que llevo formándome, leyendo, reflexionando y dando charlas sobre adolescentes. El tema de la adolescencia es uno de los que más me piden y que más veces he tratado en conferencias para padres y madres, así como para el profesorado.

Al principio, me pedían que hablara principalmente de cuestiones que preocupan especialmente a los padres de adolescentes: sexo, drogas, malas compañías, mal rendimiento académico, lo que es normal y lo que no en esas edades, etc. Desde hace aproximadamente un par de años, y siempre según mi experiencia, estos temas siguen despertando interés, pero han ido quedando en un segundo plano. Ahora, la mayoría de escuelas, asociaciones de padres y madres e instituciones diversas que contactan conmigo me piden que les hable sobre todo de cómo hay que decirles las cosas a los adolescentes para que nos hagan un poco de caso y qué hay que hacer para ponerlos en su lugar.

Lo más preocupante ya no son solamente los grandes temas de la adolescencia –a los que en la actualidad habría que añadir la adicción a las nuevas tecnologías y el *bullying* o acoso escolar–, sino también los pequeños secretos de la convivencia diaria. Lo que la mayoría de padres que asisten a mis charlas más desean saber es lo que tienen que hacer y decir para que sus hijos los escuchen, los tengan en cuenta y los respeten, para que se conviertan en adultos responsables y personas de bien, y para que la convivencia con ellos no se convierta en una pelea continua. Otra cosa que quieren saber es si esto tiene fin, si los conflictos van a terminar algún día y si sus hijos van a ser capaces de convertirse en adultos responsables y hacer algo de provecho o no en la vida.

Mi mensaje en este sentido es siempre esperanzador. Aunque durante un tiempo parezca que pinte mal, la adolescencia acostumbra a acabar bien. A muchos padres les cuesta verdadero trabajo creerlo. Me llaman especialmente la atención la desesperación y la desesperanza que a veces percibo. De ahí que uno de mis mayores propósitos sea que las palabras y mensajes que transmito a los padres, ya sea a través de mis charlas o de mis libros, tengan un efecto parecido al de un bálsamo o infusión relajante y les supongan una pequeña dosis de reconstituyente anímico. Para ello, aplico las mezclas y soluciones que he aprendido de mis maestros y de mis propios padres a lo largo de los años, así como las que mejor me han funcionado en mi propia experiencia como madre.

Gran parte de los pequeños grandes secretos que he podido descubrir y que, a mi modo de ver, facilitan la comunicación y la convivencia entre padres e hijos adolescentes los iré abordando a lo largo de las siguientes páginas. Pero puedo avanzar que para que nos hagan un poco más de caso es importante que los padres encontremos las palabras justas sobre ciertos temas, y para ponerlos a ellos en su lugar es imprescindible que antes tomemos nosotros el nuestro. Lo explicaré detenidamente más adelante.

Hace poco estuve cenando con un grupo de padres cuyos hijos son amigos de nuestro hijo pequeño, que en estos momentos tiene catorce años. Nos deleitaba verlos, tan niños todavía en algunos gestos, tan mayores ya en otros. Una madre dijo: «Qué pena», con añoranza por la infancia que se les va –y se nos va– para no volver. Otra añadió resignada: «Es ley de vida». Yo pensé que era además nuestra contribución a la vida y les dije que, según había podido experimentar con el mayor, se nos abría una etapa que, a pesar de sus dificultades, iba a tener también su parte entrañable y maravillosa.

Lo pienso realmente así, aunque con el mayor haya podido comprobar que la adolescencia de los hijos en ocasiones no es grata y me haya acordado a veces de la madre que lo trajo, que soy yo. En lo profundo de mí, encuentro apasionante ver crecer a un hijo, verlo convertirse en una persona adulta, tan distinta y al mismo tiempo tan igual a nosotros (a su padre y a mí). Hay algo mágico en el relevo generacional, algo de textura fina que si logramos percibir hace que incluso lo que parece fuera de lugar acabe teniendo su sentido, visto con la perspectiva del tiempo y los ojos del alma. Confieso, además, que me relaja y me reconforta saber que ellos vienen detrás, que podemos pasarles el testigo y dejar en sus manos la parte del futuro que les corresponde.

A pesar de haber padecido, como cualquier madre, los problemas propios de la adolescencia, trato de reconocer y subrayar las cualidades de los adolescentes y de no contribuir con críticas y reproches a su mala reputación. Nunca me han gustado las quejas sistemáticas y los presagios pesimistas sobre los jóvenes de hoy. Traer un hijo al mundo es aportar una pequeña semilla al futuro de la humanidad, una semilla que hay que saber cuidar, abonar y hacer crecer amorosamente, y confiar en que dará buen fruto. Hay que observar, eso sí, una serie de condiciones para que suban rectos y sanos, pero es importante que, a pesar de las dificultades que inevitablemente vayan surgiendo, sepamos acompañar con esperanza a nuestros hijos en la aventura de crecer.

Los adolescentes de hoy son diferentes de como éramos nosotros y de como serán los de las próximas generaciones. Sin embargo, la adolescencia conserva unos rasgos comunes en todas las épocas, del mismo modo que en la relación entre padres e hijos hay una serie de cuestiones atemporales, algunas de ellas de lo más simples y elementales, que nuestra generación ha extraviado y debemos, por tanto, reencontrar. De todo ello hablaremos a lo largo de estas páginas, con el propósito de que podamos cumplir con el papel que como padres nos corresponde, sin desgastarnos ni desesperarnos demasiado y sin soltar el timón y dejar el barco a merced de los vientos.

Ninguna generación es mejor ni peor que otra

Cuando nos quejamos de cómo son los adolescentes de hoy, tenemos que cuestionarnos también sin más remedio cómo somos los padres y madres. Lo primero sin lo segundo es trampa y además no sirve de nada, pues es quejarse por quejarse, es centrarnos en el problema en lugar de mirar hacia la solución y asumir la responsabilidad de resolverlo, que nos corresponde principalmente a nosotros. No a nuestros hijos ni a la sociedad actual, a la que solemos echar las culpas de todo.

A los adolescentes hay que mirarlos con buenos ojos y hay que confiar en ellos incluso en los momentos en que se ponen imposibles. Pienso que ninguna generación es mejor que otra, que cada una hace lo que puede y lo que le corresponde, en función de las circunstancias que le toca

Introducción

vivir, y por eso, a pesar de que a veces haya situaciones que me superan o se me hacen difíciles de llevar, me duele en el alma cuando oigo decir que los adolescentes actuales son peores de lo que éramos nosotros.

Si los adolescentes son peores de lo que fuimos o de lo que somos nosotros, acaso sea porque nosotros no lo hemos sabido hacer tan bien con ellos como lo hicieron nuestros padres y nuestros maestros con nosotros, y, por tanto, también dice muy poco a favor de nosotros. Reconozco que ser padres hoy no es sencillo, pero nuestros padres no lo tuvieron precisamente fácil y a pesar de ello supieron sacarnos adelante.

Nos toca, por tanto, a los padres actuales reflexionar sobre la forma como estamos ejerciendo la paternidad y la maternidad, revisar y rectificar determinadas actitudes, reconducir ciertas situaciones que se nos han escapado de las manos y recuperar el terreno perdido que hemos cedido a nuestros hijos. Tenemos que volver a tomar las riendas nosotros, unas riendas que en muchos hogares están en este momento en manos de los hijos porque los padres se han rendido y han abdicado de sus funciones.

Lo lograremos si conseguimos desempolvar el viejo principio de autoridad que corresponde a los mayores sobre los pequeños y aprendemos a ejercerlo y a aplicarlo desde el amor y la ternura, contemplando y respetando los derechos de nuestros hijos y exigiéndoles al mismo tiempo sus deberes y obligaciones sin dilaciones ni excusas de ningún tipo.

La adolescencia tiene momentos difíciles como todas las etapas de la vida, pero no tiene por qué ser un calvario. Puede llegar a tener también su lado entrañable y apasionante. Aunque a los adolescentes a veces no haya quien los entienda y los aguante, no se han vuelto locos ni son incorregibles. Tampoco se convertirán en unos completos holgazanes y egoístas a menos que nosotros lo consintamos. Simplemente andan con las hormonas revueltas y la mente nublada. Somos los padres y los adultos que tienen al lado los que tenemos que ayudarles a aclararse y esto significa que tenemos que estar muy claros nosotros.

«¡Ya verás cuando sean adolescentes!»

La adolescencia de nuestros hijos no tiene que asustarnos cuando los adultos estamos en nuestro lugar de adultos y ejercemos con ternura, autoridad y sin miedo las funciones que nos corresponden. La adolescencia se sobredimensiona y su problemática va en aumento no tanto por cómo son los adolescentes de hoy, ni por la forma generalmente interesada en que los medios de comunicación refuerzan y explotan dicha problemática, sino, en buena medida, por cómo somos y actuamos los adultos que estamos a cargo de su educación y crecimiento.

Cuando mis hijos eran pequeños, ambos eran unos benditos. Todo el mundo nos felicitaba por lo bien que se portaban y muy a menudo también nos advertían que «ya veríamos cuando fueran adolescentes», que los disfrutáramos mientras pudiéramos porque aquello se iba a terminar un día. Nos lo decían como si fuera una especie de maldición de la que era imposible escapar y, a veces, incluso parecía que tuvieran ganas de que llegara la adolescencia y lo pasáramos tan mal como lo debían de estar pasando ellos.

A mí me costaba hacerme a la idea del alcance real de lo que nos decían. Primero porque es difícil imaginar que aquel par de ricuras se convirtieran en el par de energúmenos que nos vaticinaban. Y segundo porque yo pertenezco a una generación cuya adolescencia fue un poco descafeinada, en el sentido en que contemplaciones, pocas. Nuestros padres tenían otros problemas y preocupaciones que nuestra adolescencia, y había que espabilarse y hacerse adulto rapidito. De ahí que pensar en nuestra propia adolescencia sea una ayuda relativa. Efectivamente la tuvimos, pero los tiempos eran otros y nuestros padres nos la curaron pronto.

Ser adulto era un valor en aquel entonces. Ahora, en cambio, el mundo adulto se presenta como plasta, aburrido, sin emoción y sin alicientes. El gran valor parece estar en la adolescencia perpetua, en diferenciarse, evadirse, experimentar «subidones» frecuentes y no calentarse los cascos por nada. De este modo se es presa fácil de la publicidad y la sociedad de consumo. Los propios adultos hemos caído en ello, por lo que a menudo tenemos dificultades para transmitir a nuestros hijos los valores más esenciales, tejer lazos profundos con ellos y constituirnos en referentes que contrarresten dicha influencia.

Muchos padres que en nuestra infancia y adolescencia hemos tenido la suerte de conocer la democracia hemos renunciado a imponer normas a nuestros hijos por pensar que éstas contravendrían sus libertades. Ahora nos damos cuenta de que conviene marcar unos límites claros y no sabemos cómo hacerlo. Nos sentimos impotentes para ejercer la autoridad, con la dosis de cariño que hace falta para alcanzar sus corazones.

Sin duda alguna, yo he tenido una vida más fácil que mis padres y, gracias a ello, pude proponerme lo que muchos padres y madres de mi generación: convertirme en una madre enrollada y amigable, que lo dialoga todo y lo disculpa casi todo, lo cual, aun partiendo de una buena intención, puede llegar a ser sencillamente nefasto, pues se desdibujan los papeles y acabamos cometiendo errores que nuestros padres nunca cometieron con nosotros. Aunque también reconozco que, gracias a haber cometido numerosos errores, tengo cada vez más un poco más claro lo que hay que hacer y lo que no.

A pesar de ello, seguramente seguiré cometiéndolos, pero ahora me preocupa menos. Mis hijos no necesitan una madre excelente; necesitan simplemente una madre que tome su lugar de madre. Por supuesto, nunca estará de más que sea una madre dialogante, responsable, dispuesta a revisar lo que haga falta, a rectificar puntos de vista y actuaciones, a crecer y a mejorar. Pero ha sido una gran liberación para mí descubrir que es perfecto no ser perfecta y que si no soy todo lo buena, comprensiva y dialogante que se puede ser, acaso sea incluso mejor para ellos.

En estos momentos, la adolescencia del mayor de mis hijos ha superado ya su punto álgido. Hemos tenido algunas discusiones y encontronazos, y de vez en cuando todavía tenemos alguno (supongo que son los últimos coletazos), pero no sólo hemos sobrevivido a ella, sino que también ha sido una experiencia que me ha hecho crecer como madre y como persona, y que ha mejorado la calidad de nuestro vínculo.

He salido de ella con una claridad que no tenía antes y estoy convencida de que me ayudará a vivir con más sosiego y madurez la del pequeño, que pronto enfilará esta etapa puente entre la niñez y la edad adulta. Me gustaría, a su vez, que los descubrimientos y reflexiones a que me ha dado pie, la mayor parte de los cuales he tratado de recoger en estas páginas, pudieran aportar algo de luz y servir de orientación a padres y madres cuyos hijos se encuentren pasando la adolescencia o estén a punto de entrar en ella.

A partir de los dieciocho-diecinueve años ya es otra cosa. Se inicia otra etapa distinta en la que, a pesar de no ser todavía autosuficientes o independientes de nosotros, ya son mayores y lo más importante, educativamente hablando, ya se lo hemos dado. En lo sucesivo tendrán que seguir creciendo por dentro, a partir de su propia andadura y de las circunstancias que les depare la vida. Nosotros vamos a seguir queriéndoles, apoyándoles y mostrándoles un norte, pero ahora se trata principalmente de disfrutarlos todo lo que podamos y de que, mientras sigan en casa, respeten nuestro espacio y nuestro estilo de vida, y se avengan a cumplir una serie de normas, estén de acuerdo o no con ellas.

Si a pesar de las dudas y las dificultades hemos sabido poner las bases necesarias, con amor y autoridad, ésta es, sin duda alguna, una etapa para resarcirnos de las preocupaciones anteriores, para gozar de las conversaciones y la relación con ellos y degustar los ricos frutos que se recogen después de unos años inciertos. Es una etapa para recobrar plenamente la ternura, abrazar de nuevo la dicha de ser madres o padres y saborear al máximo el tiempo que nos quede de estar juntos bajo un mismo techo.

Con amor y autoridad, también en la adolescencia

Los hijos necesitan amor y autoridad. Cariño y normas, dicho en otras palabras. Lo necesitan desde que nacen y muy especialmente durante la adolescencia, aunque sus actitudes durante esta peculiar etapa de la vida nos puedan hacer pensar que no.

Aunque a veces parezca que no quieran nada con nosotros y se muestren esquivos, y aunque las normas les repateen y sean motivo de numerosos enfados y discusiones, ambas cosas les hacen más falta que nunca.

No podemos dejarnos guiar por las apariencias. Los adolescentes son normalmente lo contrario de lo que aparentan.

Parece que se vayan a comer el mundo y, en realidad, temen que el mundo se los coma a ellos. Tienen unas ansias inmensas de libertad y se hacen los mayores, pero en cuanto hace acto de presencia la responsabilidad que la libertad y el mundo adulto requieren, entonces miran para otro lado. Se diría que pasan de nosotros, que se bastan a sí mismos, pero nos siguen necesitando.

No les gusta que les digamos lo que tienen que hacer, aunque, si no lo hiciéramos, acabarían desorientados y sin rumbo. Es más, aunque no lo parezca, nos están pidiendo a gritos que los contengamos, que les pongamos freno. Las posibilidades son tantas que necesitan que les digamos «por aquí» o «por allá» y «esto sí y esto no», aunque ellos de entrada se rebelen o se opongan, que es al fin y al cabo lo que por edad les corresponde.

Más contradicciones. A menudo se muestran irónicos y superficiales, pero tienen la sensibilidad a flor de piel, son susceptibles en extremo y no se les escapa detalle. Tanto es así, que tienen tendencia a tomarse como un agravio o una ofensa cualquier sugerencia o comentario completamente bienintencionado por nuestra parte. En este sentido, suele dar buen resultado pedirles –amorosamente y con ternura–, que no se tomen como algo personal aquellas cosas que a veces les decimos, simplemente porque somos sus padres y tenemos unos cuantos años más de experiencia. También acostumbra a resultar tranquilizador para ellos prometerles que cuando tengamos alguna queja se la expresaremos de un modo claro y directo.

En ciertas ocasiones podemos pensar que todo les resbala, pero lo que más desean y más les preocupa, aunque no lo manifiesten abiertamente, es encontrar su lugar en el mundo. También puede parecer que no les importemos y, sin embargo, toman importantes decisiones por amor y lealtad a nosotros, aunque a veces sea un amor ciego y mal entendido y nos resulte difícil imaginar que lo hagan realmente por amor.

El problema es que no vienen con manual de instrucciones ni con servicio de traducción simultánea; nos llegan en versión original no subtitulada y, a veces, los padres empezamos a enterarnos de qué va la cosa cuando la película está próxima al desenlace y ya no estamos a tiempo de disfrutarla.

No voy a negar que hay momentos de la adolescencia de los hijos en que se pasa mal. Se viven momentos de preocupación, de duda, de temor, de incertidumbre... No soy la única madre que en ciertas ocasiones habría enviado a su hijito adolescente a Marte o me habría ido yo. Pero, aunque parezca mentira, la adolescencia es una etapa que también tiene su magia y su encanto, y no sólo para los propios adolescentes. También para los padres. Pero, para encontrarle el gustillo, es preciso que seamos mayores que ellos en edad y en madurez, que seamos capaces de contenernos nosotros y de contenerles a ellos, y que hablemos claro, preciso y conciso.

¡Ahí es nada! ¡Con la facilidad con que perdemos los estribos y el lío que estamos hechos la mayoría! Con frecuencia, somos tan o más adolescentes los padres que los propios adolescentes. Hay que tener en cuenta que, al fin y al cabo, ellos hacen lo que les toca. Los padres a veces no.

Como madres y padres, tenemos que encontrar un punto de equilibrio entre amor y autoridad, entendiendo que amor tiene que ver con respeto, ternura, comprensión, delicadeza, consideración, confianza, esperanza, paciencia…, no con sobreprotección o permisividad absoluta, y autoridad tiene que ver con responsabilidad, integridad, contención, seguridad, madurez, discernimiento, sabiduría…, no con despotismo, sometimiento, abuso o maltrato.

La palabra autoridad tiene mala prensa por las connotaciones históricas negativas del término, y esto explica en parte que algunos padres se resistan a ella. Pero la autoridad es compatible con la prudencia, la cordura y las caricias. En último término, significa ser capaces de tomar nuestro lugar de madres y padres, y ejercer nuestras funciones con aplomo y determinación.

Conjugar el amor con la autoridad es un arte y un gran reto para los padres y madres actuales. Sin un norte claro no es posible orientar bien a los hijos y entorpecemos su madurez. Y con una dureza y una rigidez excesivas malogramos la relación y se resiente también su crecimiento. Dice Hellinger que si una madre –o un padre–, es consecuente siempre, pierde el amor. También tiene que ceder. Tiene que atentar a sus propios principios para conservar el amor. Pero si no tiene principios, también es perjudicial para los hijos.

La adolescencia supone un estira y afloja constante. La relación no puede ser demasiado tensa ni demasiado laxa. Tenemos que saber denegar ciertas cosas y transigir en otras. A menudo conviene buscar acuerdos y llegar a pactos donde exigimos algo y cedemos también algo. Y cualquier pacto puede ser bueno si nos hace estar bien, resulta efectivo y permite avanzar. También a veces tenemos que hacer como que no vemos lo que vemos, otorgándoles un margen de confianza, que ellos saben tan bien como nosotros que tiene unos límites declarados o tácitos.

Reencontrar lo esencial e imperecedero

Palabras valientes, claras y con corazón. Éstas son las palabras que tenemos que recuperar, aprender y utilizar los padres de hoy. Valientes, porque tenemos que atrevernos a tomar nuestro lugar de padres y a ejercer sin miedo las funciones que nos corresponden. Claras, porque demasiado a menudo nos andamos por las ramas y nos perdemos con discursos demasiado largos e imprecisos. Y, con corazón, porque tiene que haber un fondo auténtico de amor y ternura en ellas, incluso cuando estamos irritados.

Este libro pretende aportar una serie de frases claras y breves, orientadas hacia la solución de determinados problemas. Es una recopilación de mensajes cortos y sencillos que pretenden aclarar ciertas cosas, colocarnos a cada uno en nuestro lugar y tranquilizarnos a todos, en contrapartida a los mensajes que nos confunden, nos debilitan e instauran el caos, mensajes estos últimos a los que somos bastante dados los padres y madres de hoy.

Uno de los grandes retos que tenemos planteados los padres de hoy es reencontrar la sabiduría que, como decía T. S. Eliot, hemos perdido con el conocimiento. Tenemos que comenzar a apartar la hojarasca y a separar el grano de la paja, para que emerja de nuevo lo esencial e imperecedero, lo que nuestros padres y abuelos ya sabían y nosotros hemos perdido de vista con tanto saber.

Aunque yo haya estudiado mucho y ellos poco, he tenido que recuperar a mis queridos padres y abuelos, y reencontrar la esencia de lo que ellos me enseñaron, para aprender lo más importante y trascendente del oficio de madre y para que todos los conocimientos acumulados a lo largo de mi trayectoria cobren verdadero sentido y me resulten realmente útiles.

Las raíces familiares y culturales son la quilla de nuestros veleros, el armazón sobre el que debe aposentarse todo lo demás. Los sentimientos son el viento que los mueve, y los valores el faro que los guía, pero una de las claves que nos llevará a buen puerto estoy cada vez más convencida que son las palabras que escojamos para comunicarnos con nuestros hijos y la tonalidad emocional que las acompañe. Lógicamente, me refiero a palabras coherentes con nuestros actos, valores y sentimientos, que sean su expresión clara y precisa.

A mi modo de ver, nuestro éxito como padres y madres depende en buena medida de la sencillez, la claridad y la gratitud con que seamos capaces de traspasar a nuestros hijos el legado que hemos recibido de nuestros padres y antepasados, así como del amor y la confianza que depositemos en ellos para conducir dicho legado hacia el futuro y entregarlo a las siguientes generaciones, después de haber realizado su propia contribución.

Vivencias propias y ajenas

En lo que voy a relatar a continuación hay fragmentos extraídos de mi propia experiencia como madre, pero también historias, anécdotas y vivencias que me han contado o que he podido observar en personas cercanas. A menudo he mezclado elementos de unas y otras y he cambiado ciertos detalles para que lo estrictamente íntimo permanezca en la intimidad y para que lo relevante no sean tanto los hechos en sí, sino lo que palpita en ellos, así como las reflexiones y conclusiones a que dan lugar.

Como madre de dos hijos varones, en algún momento he echado en falta cierta perspectiva de género que probablemente tendría de haber tenido hijas. Cuando hablo con otros padres de adolescentes, a menudo sale aquello de: «las chicas son diferentes» o «los chicos son diferentes», y en ciertas cuestiones así es. Pero entre mis objetivos al escribir este libro no estaba señalar y analizar las diferencias de género, por lo que he optado por circunscribirme a mi experiencia real como madre y, en lugar de inventarme una hija ficticia, he preferido compensarlo, en la medida de lo posible, contando algunas historias de amigas o conocidas que tienen hijas.

Quiero destacar muy especialmente que nada de lo que he aprendido a lo largo de la adolescencia de mi hijo mayor podría haberlo aprendido sin un montón de magníficos libros, la mayoría de los cuales cito al final, en la bibliografía; sin un puñado de buenos consejos que he recibido de personas muy diversas; sin el lujo de excelentes maestros/as que he tenido la suerte de tener desde pequeña hasta ahora; sin el apoyo y la total implicación del padre de mis hijos; sin la disposición y el instinto que he tenido siempre de aprender y, sobre todo, sin el amor, el ejemplo y la huella profunda que me han dejado mi padre, mi madre y mis abuelos con su propia estela.

Un puente entre dos mundos

«Lo que más me preocupa —me comentaba una vez un padre— no son las discusiones que tengo con mi hijo. El verdadero problema es que ni siquiera discutimos. Hay un abismo tan grande entre su mundo y el nuestro que apenas nos comunicamos. No es un mal chico, pero va completamente a su rollo y yo me veo incapaz de enseñarle algo atractivo o con sentido para él. A veces pienso que sólo nos queda esperar a que termine sus estudios y se vaya.»

Comunicación hay siempre. Otra cosa es que no sea la adecuada o la que correspondería entre padres e hijos. Las palabras de este padre reflejan, no obstante, un sentir bastante más común de lo que pensamos. Se hacen eco de la impotencia que sentimos o hemos sentido alguna vez los padres actuales.

La distancia entre nosotros y nuestros hijos a veces parece insalvable. Lo más grave no es ni de lejos la rebeldía adolescente. Si hay conflicto generacional, si se producen discusiones y desacuerdos, hay también diálogo y existe la posibilidad de establecer unos pactos y llegar a determinados acuerdos, aunque en ciertas ocasiones haya que sudarlos. El problema es cuando no hay nada importante que decir, cuando coexistimos en dos mundos paralelos y yuxtapuestos sin apenas interés en mirarnos, en conocernos, en entendernos.

La sociedad de la información y la tecnología no tiene la culpa. Propicia y refuerza interesadamente, como táctica comercial, ese abismo entre el mundo adulto y el mundo adolescente, pero su influencia se vería limitada si nosotros fuéramos capaces de manejar los hilos adecuados para tejer unos lazos consistentes y duraderos.

No hay excusa que justifique la renuncia. Para mal o para bien, y como en todas las épocas y generaciones, los adultos tenemos que situarnos como referentes y encontrar el modo de contrarrestar ciertas tendencias desestabilizadoras. Nuestra tarea y responsabilidad como padres es construir un puente entre nuestro mundo y el de nuestros hijos, y para ello tiene que haber otro puente anterior entre nuestro mundo y el de nuestros padres. Trazando la línea que une pasado con presente y presente con futuro se dibuja el largo camino de la vida y de la historia, y unos y otros podemos encontrar nuestro lugar en él.

Si miramos hacia atrás y hacia lo profundo de nuestro corazón, podremos ofrecer a nuestros hijos un auténtico legado humano —más poderoso e impactante que cualquier moda, coyuntura o reclamo publicitario—, que les dé sentido, les proporcione alas para avanzar hacia delante y les ayude a construir su propio futuro.

Más claro y menos alto

Voy a declararme de entrada partidaria del diálogo y, dado el caso que nos ocupa, del diálogo con los hijos. No podría ser de otro modo. Como profesional de la educación, sé la importancia que tiene el diálogo con los otros y con nosotros mismos —con nuestros conocimientos, emociones, intuiciones y sensaciones corporales— para la construcción de nuestra identidad y la búsqueda de sentido. Como persona, y sobre todo como hija, en mi infancia y adolescencia tuve diálogo, un diálogo no exento de los condicionantes de la época, pero, sin duda alguna, de un gran calado y valor humano.

Mi padre era recto y estricto, pero también era comprensivo, y hablaba muy claro. Cuando se enfadaba hablaba más alto, pero seguía hablando claro. Mi madre es la comprensión personificada; no acostumbra a hablar muy alto, pero también hablaba muy claro cuando hacía falta. Yo me considero una madre bastante comprensiva; sin embargo, a menudo he hablado más de lo necesario y me ha costado lo mío hablar tan claro como mis padres.

La mayoría de los padres actuales tenemos que aprender a hablar más claro y menos alto. También a hablar menos o, si se prefiere, a ser más breves, a evitar la tentación de discursear y de soltarles esos rollos mareadores que a veces les soltamos y que no sirven para nada por la sencilla razón de que lo único que les queda claro es que estamos hechos un lío o fuera de nuestras casillas.

No por hablar más ni por chillar más nos van a hacer más caso, más bien todo lo contrario, aunque a veces venga bien desahogarnos y pegar cuatro gritos, y además, según como se peguen estos gritos, no tengan consecuencias ni ocurra nada grave. Si logramos enfadarnos «amorosamente», es decir, sin ejercer la crueldad ni el menosprecio, por muy enfadados que estemos, no se van a traumatizar ni se va a malograr la relación. Pero, por si acaso, es mejor no tomarle gusto.

Lo que también es cierto es que, independientemente de si chillamos poco o mucho, la mayoría de padres damos demasiadas explicaciones y nos justificamos en exceso. No soy nada partidaria del: «Porque lo digo yo y punto», pero hay cuestiones que no son negociables ni debatibles, y lo que no es debatible no se debate. Tenemos que aprender a distinguir cuándo conviene dialogar y dar una explicación y cuándo no. Cuando no está el horno para bollos hay que dejarlo para otro momento y, cuando se trata de hacer cumplir una norma, se cumple y punto. Y si hay algo que hablar, se habla después.

Por otra parte, si somos breves sintonizaremos más fácilmente con la frecuencia de nuestros hijos, con el estilo de comunicación que ellos practican en la era de la tecnología y la comunicación digital. Nos conviene desarrollar y adoptar, por tanto, un lenguaje estratégico, claro, breve y preciso, que aúne sencillez y profundidad y que conjugue amor y autoridad. Una forma de comunicarnos que en parte tenemos que rescatar del pasado y en parte tenemos que acuñar de nuevo, a la luz de los nuevos conocimientos que tenemos en la actualidad.

Lo imperfecto también es perfecto

No existen los padres perfectos, como bien decía Bruno Bettelheim. Ni lo fueron los nuestros ni lo seremos nosotros, pero, curiosamente, descubrir que incluso lo imperfecto es perfecto nos dará paz, nos ayudará a situarnos en nuestro lugar y nos dará fuerza y consistencia para mejorar lo mejorable.

A menudo no hablamos todo lo claro que deberíamos por miedo a traumatizar a nuestros hijos. Temamos que sufran y se frustren, pensamos que, si les marcamos unos límites y obligaciones y no les concedemos todos sus deseos, no nos verán amigables y se alejarán de nosotros. Así es como en muchos hogares actuales acaban tomando el mando «sus excelencias» nuestros hijos.

¿Tan traumatizados estamos nosotros que no nos atrevemos a mover un dedo para no traumatizarlos a ellos? Es más, ¿qué pasa si se traumatizan? El propósito y la misión de los padres no tiene que ser traumatizar a los hijos, pero aun así es inevitable —según Joan Garriga— que los padres dañemos en algún momento a nuestros hijos. Ocurre en las mejores familias y si nos obstinamos en evitarles determinados traumas, aparecerán irremediablemente otros.

Lo que en realidad sucede es que, aun sin quererlo, el movimiento amoroso natural de los padres hacia los hijos siempre en algún momento se interrumpe. Puede ser por múltiples razones: porque nace un nuevo hermano, porque surgen problemas de algún tipo o se pasa una mala racha, porque los padres tienen que dedicarse a otros asuntos, por enfermedad o muerte de uno de los padres o de algún familiar cercano, por falta de habilidades personales, etc. Lo normal es que dicho movimiento se interrumpa puntualmente y se restablezca de nuevo, pero los hijos generalmente nos quedamos atados a la interrupción, al trauma, y nos instalamos en el lamento, la queja o la añoranza, en buena medida debido a que no hemos podido reconocer y elaborar adecuadamente el dolor que dicha interrupción nos provoca.

A veces, el movimiento amoroso no se da de entrada o se interrumpe de un modo virulento y deja heridas profundas en el vínculo. Pero no es el caso de la mayoría. El problema de muchos de nosotros radica en las dificultades para transitar el dolor y crecer interiormente con los descalabros de la vida. Nuestros padres, con la buena intención de protegernos, no nos dejaron mirar el dolor de frente. Tal vez porque en la mayoría de familias había mucho como consecuencia de la guerra y de todo lo que ésta comportó. Lo que no sabían es que éste habitaría en nosotros y que también nos influiría sin que lo supiéramos.

Con todo, no podemos considerarlo realmente un error ni perder el tiempo lamentándonos. Antes, las cosas se hacían así y estuvo bien así. Ahora hay otras maneras, tenemos nuevos conocimientos sobre la psique humana, y no podemos seguir dando la espalda a los sinsabores, como si lo verdaderamente importante no importara demasiado, ni tratar de evitárselo a nuestros hijos. Si algo duele, duele, y hay que poder reconocerlo, nombrarlo y elaborarlo.

Las caricias, alimento del alma

De igual modo que hay que poder decir cuando algo nos duele o cuando algo nos hace enfadar, también hay que poder decir cuando algo hermoso nos alcanza el corazón, cuando algo pequeño deja entrever algo grande y bello que late detrás o cuando una respuesta, actitud o comportamiento nos llenan de alegría o nos parecen simplemente acertados.

Muy especialmente a nuestros hijos e hijas adolescentes. A veces podemos decírselo en el mismo momento en que estos sentimientos aparecen y otras veces podemos hacerlo posteriormente: «El otro día observé en ti algo que me gustó mucho; me fijé en tal o cual detalle y me pareció muy bonito, comprobé una vez más lo preciosa/o que eres...».

Ya sea antes o después, lo importante es hacerles saber que nos sentimos muy felices cuando les vemos crecer como personas. Incluso en aquellos momentos que nos resultan especialmente ingratos y difíciles de sobrellevar, es bueno que desde algún lugar —aunque sea remoto— de nuestro corazón sigamos acariciando a nuestros niños, al niño o niña que fueron y que siguen siendo aún, y mantengamos viva la llama de la esperanza, la confianza en que las aguas volverán a su cauce y sabremos propiciar un nuevo reencuentro.

Las caricias son el alimento del alma, el elixir vital que hace aflorar lo mejor de nosotros mismos y lo mejor de ellos/as. Es bueno que se las proporcionemos tanto a través de las palabras (habladas y escritas), como del silencio, de los gestos y del contacto corporal:

> [...]
> Si soy tu adolescente,
> Tócame.
> No creas que, porque sea casi adulto,
> no necesito saber que aún me cuidas.
> Necesito tus brazos cariñosos
> y tu voz llena de ternura.
> Cuando el camino se vuelve duro,
> el niño que hay en mí te necesita.
> [...]
>
> *Por favor, tócame*
> PHYLLIS K. DAVIS

En el arte de acariciar, las posibilidades son infinitas. Una vez le regalé a mi hijo una cajita vacía llena de besos. Es una cajita en forma de corazón, que de tanto en tanto relleno de nuevo. Echando mano de la complicidad que nos tenemos, deposito en ella unos cuantos besos más, para que se sienta acompañado por ellos en los momentos en que estoy ausente. Cuando termino de rellenarla, me señala su mejilla para que le dé directamente los besos. Al alternar unas gotas de ternura con unas gotas de humor e imaginación, establecemos un juego que refuerza nuestro vínculo y confiere mayor calidez a nuestra relación.

Hace 5.000 años ya eran así

Convivir día a día con adolescentes no es fácil. Tampoco lo es con niños o con adultos, aunque en la actualidad tengamos tendencia a cargar las tintas en la problemática de la adolescencia y a minimizar o incluso idealizar el resto. En realidad, la convivencia no es fácil, ya que convivir con otros comporta inevitablemente fricciones, desacuerdos, encontronazos y desencuentros, y esto es algo que por cuenta propia o ajena podemos comprobar todos los días.

Lo que sí es verdad es que la adolescencia es una etapa peculiar, con una serie de dificultades, en determinados momentos bastante engorrosas, que ponen a prueba al más experimentado y a veces acaban con paciencias de santo. Sin embargo, nada de esto es completamente nuevo. Hay algunos rasgos y comportamientos adolescentes característicos de una época determinada, pero hay otros comunes a todas las épocas, por lo que es cierto sólo en parte que los jóvenes de hoy no sean como los de antes.

La rebeldía y el pasotismo adolescentes no son un signo exclusivo de nuestros tiempos. Parte de ellos se los brinda el reloj biológico, como se los ha brindado a los adolescentes de todos los tiempos. Documentos y testimonios históricos, que se remontan a 3.000 años antes de Cristo y a civilizaciones como la babilónica, la egipcia o la griega, dan fe de que el conflicto generacional es tan antiguo como la propia humanidad. Afortunadamente. Porque para crecer y evolucionar, ya sea en el plano personal o en el social, son tan necesarias las capacidades de acatar y de asumir como las de discrepar y disentir.

Lo más preocupante de la era actual acaso sean determinadas actitudes despóticas y abusivas, que manifiestan cada vez más jóvenes, y que los padres les ponemos en bandeja cuando renunciamos a ejercer la autoridad que nos corresponde, a comunicarnos con ellos, y desistimos de nuestras funciones. Renunciar a comunicarnos también comunica. Les dice que no podemos con ellos o que no creemos en ellos, y que no vale la pena que nos molestemos.

No es sencillo convivir con adolescentes y, según parece, no lo ha sido nunca. Una de las dificultades principales es que para entendernos mínimamente con ellos es preciso conocer el código propio de la adolescencia, que no se reduce a comprender lo que hablan –algo bastante complicado en según qué casos–, ni debe confundirse con utilizar su mismo argot –algo bastante patético en un adulto.

Consiste en ser capaces de escuchar lo que no dicen y de algún modo nos están queriendo decir; en poder captar sus verdaderas necesidades y sentimientos, que no siempre coinciden con los aparentes; en saber interpretar, en definitiva, el grito secreto que hay tras sus palabras, comportamientos y actitudes. Si logramos descifrarlo y comprenderlo, la adolescencia de nuestros hijos puede reportarnos también muy buenos momentos y llegar a resultarnos entrañable, apasionante y, a ratos, incluso divertida.

¿Entrañable y divertida, dice?

No lo digo por decirlo. La adolescencia de nuestros hijos puede llegar a resultarnos entrañable, apasionante y, a ratos, incluso divertida.

Entiendo que según el momento en que uno lea esto puede llegar a preguntarse si estoy de guasa. «¿Entrañable y divertida, dice? ¡Tendría que ver lo divertidos que estamos en casa con la niña de los huevos!», me decía una vez un padre con buen humor. Yo misma podría haber respondido algo parecido en según qué momento. Pero desde un estado sereno y calmado tengo que decir que así es.

La adolescencia de nuestros hijos puede llegar a resultarnos entrañable si sabemos verla como fruto del impulso que tiene la vida por sí misma, un impulso natural e irrefrenable que en su día nos empujó también a nosotros a soltar amarras. Puede tomar otro cariz si la entendemos como el momento a partir del cual todo aquello que desde pequeños les hemos ido enseñando va a empezar a hacerse patente y a concretarse en un ser humano y una personalidad singular que, en más de una ocasión, nos va a sorprender increíblemente por lo mucho que se parece a nosotros en casi todo y la semilla de cambio y evolución que al mismo tiempo contiene.

Para mí, esto es lo más maravilloso de la existencia humana, la posibilidad de mejora, que aun con nuestras limitaciones, podemos dejar en nuestros hijos y la sensación de que teniéndolos hemos contribuido a la vida y que ésta sigue a partir de ahora su propio impulso y toma su propio camino.

A pesar de que nada salga exactamente igual como esperábamos o como querríamos, es entrañable poder ver en nuestros hijos adolescentes el reflejo del niño/a que fueron y en el fondo de su alma siguen siendo. Sus miradas, sus gestos y sus expresiones de siempre en un rostro de persona ya casi adulta, a la que hemos ayudado a llegar hasta aquí y poco a poco tenemos que dejar partir hacia su propia aventura vital.

Puede resultar además apasionante porque acompañar su propia andadura nos exige inevitablemente revisar y reorientar la nuestra. Los propios padres podemos salir fortalecidos y mejorados como personas a partir del reto y la oportunidad que la adolescencia de nuestros hijos nos brinda.

Finalmente, la adolescencia es, sin duda alguna, divertida, aunque sea a ratos. Los adolescentes, igual que protestan y discuten para liberar tensión, también ironizan y se ríen de todo por la misma razón. En algunos momentos vamos a reírnos mucho con ellos. En otros, podemos reírnos también de ellos y sus ocurrencias, y sobre todo de nosotros mismos. A veces, los padres tenemos una serie de temores, prevenciones y reacciones, y nos hacemos unas películas, que, una vez superamos el momento de desconcierto y lo podemos mirar con un poco de distancia, tienen su gracia y su parte chistosa.

Al revés te lo digo para que me entiendas

Sería estupendo que, al llegar la adolescencia, de igual modo que irrumpen el vello y el acné juvenil, nuestros hijos aparecieran ante nuestros ojos «subtitulados», cual si fueran películas extranjeras. La traducción simultánea nos vendría de maravilla y nos ahorraría no pocos embrollos a los padres, pero la madre naturaleza no nos ha dotado de semejante dispositivo y tenemos que ingeniárnoslas como sea para entender a nuestros hijos en versión original.

En numerosas ocasiones me ha resultado de gran utilidad para entender a mi hijo aplicar la máxima: «al revés te lo digo para que me entiendas». Salvo cuando les hace falta dinero o quieren ir a un concierto o a casa de un amigo –en casos como éstos les invade una total y absoluta lucidez–, los adolescentes raramente piden lo que verdaderamente necesitan y tienen auténticas dificultades para identificar con claridad lo que sienten. En realidad, a menudo reclaman lo contrario de lo que necesitan y lo que nos dicen no siempre se corresponde con lo que nosotros interpretamos que nos están diciendo.

Nos piden que los dejemos en paz, que ya son mayores, y en el fondo lo que más desean es que, a una distancia prudencial, con cierta confianza y con tacto, sigamos pendientes de ellos. De hecho, son capaces de hacer cualquier cosa para conseguir nuestra atención y comprobar que nos siguen importando. Nos dicen «no me ralles» y, al mismo tiempo, y por paradójico y extraño que resulte, nos están reclamando a gritos que les ayudemos a descubrir lo no evidente, que les desvelemos lo que ellos aparentan saber y no saben, que busquemos su corazoncito, porque lo tienen, y que les pongamos unas normas, unas condiciones, unas reglas del juego que les permitan orientarse y moverse con mayor seguridad en el mundo adulto, un mundo que ansían y temen al mismo tiempo.

Parece que pasen de nuestros arrumacos y necesitan más que nunca nuestras caricias. Lógicamente, hasta que asuman que ser autónomos es compatible con mantener los lazos de cariño familiares, puede darles cierto apuro reconocerlo. Además, no pueden ser el mismo tipo de caricias y carantoñas que cuando eran pequeños, pero de lo que no hay ninguna duda es de que siguen precisando nuestro afecto y reconocimiento.

Casi nada es lo que parece con los adolescentes. Sus continuas provocaciones tienen mucho que ver con sus propias tensiones internas y su necesidad de ponerse a prueba a sí mismos, y también con la de poner a prueba al adulto y medirse con él. Descubrir que el adulto es más maduro y es capaz de ponerle freno sin perder la compostura, no sólo le muestra sus propios límites y lo sitúa humildemente frente a la realidad, sino que también alimenta la confianza y el respeto hacia sus mayores.

«Tú y yo no nacimos el mismo día»

Muchas veces me he preguntado por qué a nuestros padres les hacíamos tanto caso con tan pocas explicaciones que nos daban y nuestros hijos nos hacen tan poco a nosotros con tantas que les damos. Se lo he preguntado también a los padres que asisten a mis cursos y charlas, y he llegado a la conclusión de que, salvo ciertas excepciones, no era el miedo el factor que nos hacía obedecer.

Mi padre, como muchos padres de su generación, era capaz de devolverme al redil o de evitar que me saliera de él con una simple mirada, una sola palabra o un gesto. Con frecuencia conversaba agradablemente con él, pero cuando me desviaba del camino que él consideraba adecuado, no gastaba conmigo las energías que yo gasté durante largo tiempo sermoneando a mis hijos. Mi querido papá se limitaba a decir: «Ojo...» o simplemente hacía que no con el dedo o con la cabeza y para mí era más que suficiente.

Mi abuela paterna, que vivía con nosotros, tenía una frase que me repetía cada vez que me situaba en los límites del respeto o que me tomaba excesivas confianzas con ella: «Niña, que tú y yo no nacimos el mismo día», y a mí me bastaba para darme cuenta que estaba entrando en terrenos resbaladizos.

¿Era realmente el miedo lo que me hacía rectificar? Si había algún temor era a disgustarlos o a defraudarlos. ¿Cómo iba a tenerles miedo, si nunca llegaron a ponerme una mano encima ni me sometieron a ninguna clase de maltrato? Al contrario, tanto mis padres como mis abuelos me cuidaron amorosamente y, aunque también me riñeran, jamás temí, ni se me pasó por la cabeza siquiera, que pudieran hacerme algún tipo de daño. Confiaba ciegamente en ellos y estaba convencida que de mi familia recibiría siempre solamente cosas buenas.

Obedecía porque supieron darme a entender con asombrosa y admirable claridad que eso era lo que me correspondía en aquel momento por mi edad y mi condición de hija y de nieta. La dignidad que les confería el hecho de tomar ellos las riendas de todos los asuntos importantes de la vida familiar y cumplir cada uno unas funciones determinadas, así como la autoridad moral que les otorgaban su integridad personal y su ejemplo, estaba en perfecta consonancia con el orden natural de las cosas y nos situaba a cada uno en su justo lugar. Mis padres ocupaban, impecablemente, el suyo de hijos respecto a mis abuelos y de padres respecto a mí, con lo cual no hacían falta grandes discursos para que yo quedara automáticamente en el mío de princesita adorada por todos y, al mismo tiempo, último mono en llegar.

En la actualidad, en cambio, el eslabón exacto que nos corresponde a cada uno está bastante desdibujado en muchas familias. Por ejemplo, cada vez hay más casas donde los que mandan son los hijos. Y no sólo los adolescentes. Los de tres y cuatro años también.

Cuando padres e hijos estamos «pavos»

Cuando en una familia mandan los hijos y los padres no tienen autoridad, el origen del problema no está en los hijos, sino en los padres. En muchos casos hay que preguntarse quiénes son en realidad los adolescentes de la familia. ¿Sólo los hijos? ¿O también los padres?

En una familia compuesta por cuatro miembros, padre y madre con dos hijos, puede haber muy fácilmente cuatro adolescentes. Es decir, cuatro anárquicos, dispersos, rebeldes e inestables. La edad de los hijos no importa. Da lo mismo si tienen nueve o treinta y siete años.

La adolescencia hace ya un tiempo que se define como aquella etapa de la vida que cada vez empieza antes y termina más tarde o no termina. Véase sino el caso de algunas niñas que, a la temprana edad de ocho o nueve años, ya visten y se comportan de una forma totalmente sensual, o el de cualquier hijo/a de vecino, que con treinta y ocho o más siguen en casa a pan y cuchillo y con servicio de habitaciones y de lavandería incluido. La sobreprotección y la laxitud de los padres, así como la necesidad de aferrarnos a ellos y evitar que se vayan para llenar de este modo vacíos propios, tienen bastante que ver en ello.

Uno de los problemas de la era actual es este desorden que reina en las familias y en la sociedad en general, no sólo como fruto de nuevos modelos familiares, sino también y sobre todo como consecuencia de no situarnos cada uno en nuestro lugar, según la edad y la función que nos corresponde.

A veces, de no ser por alguna arruga o algún cabello blanco indiscreto, cuesta distinguir quién es la madre y quién la hija, o quién es el padre y quién el hijo. Los hay que visten y se peinan de idéntica manera, o se ponen los mismos piercings..., aunque esto no deja de ser anecdótico. Lo verdaderamente preocupante es cuando hablamos y nos comportamos exactamente igual.

Cuando los padres nos situamos al mismo nivel que los hijos, cuando queremos ser como ellos para parecer más enrollados y abdicamos de la autoridad que, nos guste o no, nos corresponde ejercer, ¿quién va a educar a nuestros hijos? ¿Quién va a traspasarles la sabiduría acumulada a lo largo de generaciones y de nuestra propia vida, que, aunque no evite sus propios tropiezos, les puede servir de inestimable ayuda? ¿quién va a dibujar la estela que guíe sus pasos?

Los adolescentes tienen que ser educados por adultos; nunca podrán serlo en la misma medida por quienes, en lugar de tomar nuestra posición de padres, queremos pasar por amigos, colegas y no son más, como dice Angélica Olivera, que «adolescentes cristalizados», casi tan «pavos» como nuestros propios hijos.

Mayor que tú en edad y en madurez

Si nos aplicamos a fondo y aprovechamos su adolescencia para crecer también nosotros, educar a un hijo adolescente supone para los padres una oportunidad de reorganizar nuestro propio mundo emocional.

Hay algo que, de un tiempo a esta parte y como fruto de nuevos aprendizajes, me digo a mí misma a menudo y también les he dicho algunas veces a mis hijos cuando se producen situaciones tempestuosas:

- Soy mayor que tú en edad y en madurez y puedo con esto.
- Puedo con tu mal humor y con tus malos modos.
- Aunque me resulten desagradables, puedo soportarlos sin derrumbarme.
- Y además, te sigo queriendo igual.
- Y como no hay mal que cien años dure, volverá a salir el sol.

Al pequeño, que está estrenando adolescencia, se lo he dicho con más convicción y seguridad que al mayor, pues seguramente lo tengo bastante más asumido que hace unos años, y probablemente haber sobrevivido a la adolescencia del mayor me ha dado más arrestos para ello. A veces digo que con el mayor me licencié en adolescencia y con el pequeño me toca ir a por el doctorado.

He echado mano de estas frases en los momentos más delicados, en aquellas situaciones límite en que por ganas hubiera tirado la toalla y me habría rendido, o en que más cerca he estado de perder completamente los papeles y entrar en una de esas tempestades emocionales que tan mal cuerpo y ambiente dejan. Seguramente porque he llegado a ellas después de un laborioso proceso personal, representan para mí un auténtico talismán. En el fondo me las digo para mí misma, las utilizo como autocontención y de forma prácticamente instantánea los contienen a ellos, evitando como por arte de magia que entremos en una espiral destructiva y estropeemos el clima familiar.

Cuando les digo algo así –para que surta efecto hay que decirlo con aplomo y convencimiento–, lo que les estoy diciendo en realidad es que soy confiable, que no puede conmigo cualquier cosa, que los años que les llevo de ventaja se notan, que aprendo de mis propios errores y no soy fácilmente manipulable, que lo que la vida me ha ofrecido se lo puedo ofrecer ahora a ellos para que lo incorporen a su propia alquimia interior.

Los hijos necesitan de nosotros, los padres, que tomemos nuestro lugar de adultos y conjuguemos de la mejor manera posible –asumiendo el riesgo de equivocarnos–, el amor con la autoridad o la autoridad con el amor; que sepamos estar a su lado sosteniendo nuestras emociones y las suyas, y que nuestro amor esté a prueba tanto de sus propios vaivenes como de los nuestros. Se sienten muy tranquilos y seguros cuando pueden comprobar que no somos perfectos, pero sí mayores que ellos en edad y en madurez.

No me llames Dolores
ni me llames Lola

«Ni tampoco me llames eh tú, tía, colega, gorda, vieja, oye o pssssst... Llámame mamá.»

Cuanto más claro lo tengamos los padres, más claro lo tendrán los hijos.

Yo no soy amiga de mi hijo, aunque procure tratarlo con el respeto, la consideración y el cariño con que trato a mis mejores amigos. Amigos tiene varios y madre sólo me tiene a mí, aparte de que me parece perfecto y me siento feliz y satisfecha de que sus amigos sean sus amigos y de que su padre y yo seamos sus padres.

Me he dado cuenta, además, de que distinguirnos de sus amigos nos sitúa a los padres en nuestro lugar y nos reviste de la dignidad que nos corresponde como tales, una dignidad que nos facilita las cosas y que, como comentaba unas páginas atrás, siempre vi en mis propios padres.

Cuando mi hermana y yo todavía éramos pequeñas, se nos ocurrió llamar a nuestra madre canturreando desenfadadamente a dúo su nombre de pila. Pocas veces en la vida la he visto tan molesta e inflexible como aquel día. Sin perder un ápice de su bondad y con absoluta rotundidad nos dijo: «Veo que sabéis muy bien mi nombre. Pero yo soy vuestra madre y a mí me hacéis el favor de llamarme mamá. Y ojalá podáis utilizar muchos años esta bellísima palabra.

Yo ya no puedo llamar a la mía –añadió con un halo de tristeza, pero conservando su entereza».

Nos quedamos las dos heladas. Lo que para nosotras no era más que una gracia inocente se convirtió en una lección que jamás olvidaremos. Mi querida madre nos dejó muy claro quién era quién y nos puso a cada una en su sitio, sin ni siquiera despeinarse.

A partir de pequeñas anécdotas y situaciones cotidianas, los padres podemos dar a los hijos lecciones muy importantes para la vida, cuya huella podemos descubrir con el paso de los años, así como en una serie de actitudes que poco a poco van desarrollando y que nos muestran que, a veces para mal, pero normalmente para bien, nada cae en saco roto.

Yo la madre, tú el hijo

Confieso que, aunque ahora tenga tan claro que por encima de todo soy su madre, hubo un tiempo en que, como la mayoría de padres de mi generación, la autoridad me incomodaba y evitaba ejercerla. Pretendía educar a mis hijos solamente con amor. Cuando a partir de una serie de cursos que he podido realizar, gracias a los maestro/as que en ellos he tenido y sobretodo gracias a los órdenes del amor de Bert Hellinger, comprendí el desorden que esto significaba y los problemas que podía comportar para que me hicieran caso, decidí tomar cartas en el asunto.

Una de las primeras cosas que consideré conveniente fue resituarnos cada uno en nuestro lugar, como había hecho nuestra madre con mi hermana y conmigo en su día, aunque a mí me costó un poco más, pues ella lo hizo con nosotras a una edad más temprana y enderezar lo que ya ha comenzado a torcerse resulta siempre algo más laborioso. Además, los niños, por la cuenta que les trae, tratan de que todo siga como estaba y oponen gran resistencia, por lo que hay que comenzar por cambios muy pequeños y a la vez muy claros y contundentes, y volver reiteradamente sobre ellos.

Fue así como un día que reinaba la calma se me ocurrió decirles a mis hijos que me había dado cuenta de que había algo absolutamente esencial para entendernos en casa, que a veces se nos pasaba por alto y que debíamos tener muy claro en todo momento. Me miraron expectantes y me limité a soltarles:

—Que él es el padre, yo soy la madre y vosotros los hijos: tú el mayor y tú el pequeño.

—¡Qué lista, mamá! —me respondió el pequeño.

Debió de ser la fuerza que tiene lo que es simple y profundo a la vez la que impidió que se partieran de risa los dos.

A partir de entonces, en numerosas ocasiones en que viene al caso, les repito la misma frase. Si, por ejemplo, me siento en el tren en el asiento que va de cara, escojo el lugar con mejores vistas en un restaurante, me como el último bombón de una caja o tenemos su padre o yo la última palabra sobre cualquier tema o decisión que les concierne, les digo: «Yo soy la madre, tú el hijo».

A veces ellos se anticipan y entonces los felicito. Alguna que otra vez lo utilizan también como golpe bajo en medio de una discusión, pero su padre y yo nos limitamos igualmente a felicitarlos por lo bien aprendida que tienen la lección.

En ciertas ocasiones, se sonríen e ironizan: «Sí, ya sabemos —nos dicen en tono de guasa a su padre y a mí—, tú Tarzán —señalando a su padre—, ella Jane —señalándome a mí—, y nosotros dos Chita».

Así me lo enseñaron a mí mis padres

De todos los motivos y explicaciones que he podido dar a mis hijos para hacer o no hacer algo, así como sobre mis valores personales y mi forma de ver la vida, nada ha tenido tanta fuerza ni me ha dado tan buen resultado como cuando les he dicho que lo hacía de tal o cual manera porque así me lo enseñaron a mí mis padres.

No es una frase mágica y desde luego no se puede aplicar como una fórmula ni se puede abusar de ella, pero cuando se utiliza para aquellas cuestiones que consideramos fundamentales y, sobre todo, cuando se pronuncia acompañada de auténticos sentimientos de cariño y gratitud hacia los propios padres –a pesar de todos los pesares–, adquiere una magia sorprendente.

Las personas necesitamos contarnos historias sobre lo que nos ocurre, historias que nos resulten reparadoras, nos den sentido y nos vayan confiriendo una conciencia de ser y una identidad. Ésta es una de las tareas en las que los padres debemos ayudar a los hijos y darles a conocer nuestra historia personal y familiar, que también es la suya, les proporciona el contexto idóneo para comprender quiénes somos nosotros y para ir descubriendo al mismo tiempo quiénes son ellos. Y lo más importante de todo, les permite desarrollar el sentimiento de pertenencia, una de las necesidades humanas esenciales, y les conecta con sus raíces, lo cual es sumamente importante puesto que, como dice Bertold Ulsamer, sin raíces no hay alas.

De igual modo que un velero recupera la posición de equilibrio, pese a los golpes de mar, gracias al peso que hay colocado debajo de la quilla, cuando damos a nuestros hijos mensajes con una carga de profundidad que tiene su origen en nuestras propias raíces familiares y culturales, les estamos ayudando a encontrar un eje equilibrador al que agarrarse frente a determinadas sacudidas a las que pueden verse sometidos a lo largo de su vida.

Alguna que otra vez, cuando les he dicho a mis hijos que les estaba transmitiendo algo de tal o cual manera porque así me lo enseñaron a mí mis padres, especialmente cuando lo que les transmitía les suponía algún tipo de esfuerzo o les resultaba poco cómodo, ellos han aducido que ahora son otros tiempos y que aquello estaba pasado de moda. Pero, como ya he dicho que no abuso de ello y que sólo lo utilizo para cuestiones que considero vitales, en estos casos les respondo lo siguiente: «Las cosas del alma nunca pasan de moda».

Son atemporales y tenemos que saber pasarlas a las generaciones siguientes como una llama sagrada, como un gran tesoro que nos fue entregado por nuestros antepasados.

Si nosotros hemos salido bien, será que ellos no lo hicieron tan mal

Algo bastante sorprendente es que muchos padres actuales, de mi generación y de algunas generaciones posteriores a la mía estamos, por un lado, orgullosos de ser como somos, de tener los valores y actitudes que tenemos frente a la vida, y, por otro lado, somos extremadamente críticos con la educación que recibimos de nuestros propios padres y maestros en nuestra infancia y juventud. Hasta el extremo de llegar a abominar de ella a veces.

¿Cómo puede entenderse esto? ¿Nos educaron horrorosamente mal y hemos salido maravillosamente bien? ¿Cómo se explica que, a pesar de todos los errores que supuestamente cometieron nuestros mayores con nosotros, hayamos salido adelante en la vida?

Si nosotros hemos salido bien, será que ellos no lo hicieron tan mal. Que tanto lo que nos dieron como lo que no nos dieron, los aciertos como los errores, lo que nos gustó como lo que no nos gustó, nos ha hecho como somos y, en el fondo, estuvo bien como estuvo.

Si nuestros hijos no se nos parecen, ¿no será porque nosotros no hemos sabido transmitirles adecuadamente el valor humano que, a pesar de todos los pesares, había en las enseñanzas que recibimos de nuestros padres, abuelos, maestros y otros adultos significativos? Bajo mi punto de vista, la responsabilidad principal es nuestra, no de la sociedad actual ni de la escuela, que, aunque tenga poco que ver en ello, de tanto en tanto también se las carga.

Como ser humano y como madre, hace un tiempo que he visto que lo mejor que puedo ofrecerles a mis hijos es el legado que yo poseo como hija de mis padres, nieta de mis abuelos y alumna de mis maestros, a la vez que como miembro de una generación concreta –ni mejor ni peor que cualquier otra–, y de un contexto histórico y geográfico determinado.

Miro cada vez más hacia mis mayores y pienso en cómo lo hicieron o lo habrían hecho ellos, y descubro apasionantes sutilezas que traspasan la barrera del espacio y del tiempo y llegan completamente intactas y con gran fuerza y claridad hasta mí. Son como pequeñas fragancias de ayer, de hoy y de siempre, aceites esenciales para la vida que el alma humana posee y que nos conviene recuperar. Cuando consigo traspasárselas a mis hijos desde lo profundo de mi corazón, veo que alcanzan completamente el suyo.

Cuanto mejor, peor

En algunos momentos del pasado, yo también fui una de esas madres que no quería repetir con sus hijos los errores que consideraba que mis padres habían cometido conmigo. En ciertas cuestiones traté de hacer lo contrario de lo que ellos hicieron en su día. Hasta que caí en la cuenta, que, como dice Watzlawick, lo contrario de lo malo no siempre es bueno. Puede ser más malo aún: si queremos darles una libertad sin límites podemos obtener un despotismo también sin límites.

Sin llegar a ese extremo, lo que sí constaté es que cuanto mejor que mis padres quería ser, peor me iban las cosas con mis hijos. La razón es muy simple y sencilla. Al desautorizar en ciertas actitudes a mis padres, sin darme cuenta me estaba desautorizando a mí misma.

Cada vez que le decía a uno de mis hijos «no te creas que mi padre tuvo conmigo las contemplaciones que estoy teniendo yo contigo» o «mi madre no me habría permitido lo que te permito yo a ti», lo que en realidad les estaba dando a entender es que mis padres tenían autoridad sobre mí y yo en cambio no la tenía sobre ellos (sobre mis hijos). También, en cierta manera, les estaba diciendo que la manera en que lo hicieron mis padres no me parecía adecuada y que yo iba a hacerlo mejor con ellos. Pero si mis padres lo hicieron mal conmigo, ¿por qué regla de tres se supone que iba yo a hacerlo bien con ellos?

Cuando los padres decimos a los hijos que nuestros padres lo hicieron fatal con nosotros, lo lógico es que piensen que lo propio de los padres es hacerlo mal y que, por tanto, nosotros lo estamos haciendo también fatal con ellos. Cuando les mostramos reiteradamente nuestro desacuerdo con lo que hicieron nuestros padres, en cierta forma estamos dando más alas a su rebeldía frente a nosotros. Les estamos diciendo que lo propio de los hijos es no estar de acuerdo con los padres ni agradecer jamás lo que recibimos de ellos. Luego nos quejamos de que son unos desagradecidos y de que no valoran nada de lo que hacemos por ellos.

Por otro lado, es mejor abstenernos de querer ser la mejor madre o el mejor padre posible. El súmmum de lo bueno, dice también Watzlawick, acaba siendo a menudo el súmmum de lo malo. Basta con que seamos padres o madres, con que tomemos nuestro lugar, desempeñemos las funciones que nos corresponden, y asumamos que a veces lo haremos bien, otras regular y otras mal, y que en el fondo va a estar bien. Sólo lo acertado y lo correcto no bastan para crecer bien y madurar. También lo equivocado es perfecto a veces. «Incluso un reloj estropeado está acertado dos veces al día», escribe Paulo Coelho.

Hoy lo haremos a la manera de tu padre

El hecho de mostrar nuestra lealtad y gratitud hacia lo que nuestros mayores nos dieron en su día no significa que no podamos cambiar nada ni hacer determinadas cosas a nuestro modo. Por descontado, nos corresponde transformar cuanto sea preciso para adaptarnos a los nuevos tiempos y evolucionar. Conviene, por tanto, que los padres aprendamos a distinguir entre lo que fue útil en determinado contexto y ya no lo es, o ya no tiene sentido en la actualidad, y lo que, como decía anteriormente, sirve para todos los tiempos.

Lo que en cualquier caso sigue siendo válido para mí es que cuanto más arraigados estemos y más nos apoyemos en el legado recibido de los nuestros, en nuestra herencia tanto cultural como afectiva, más calado y mayor consistencia tendrá el estilo propio que a partir de todo ello desarrollemos.

Cuando sea abuelita confío en poder alegrarme, como hace mi querida madre, tanto de la lealtad de mis hijos a los valores esenciales que un día les transmitimos, como de todo aquello que suponga un paso adelante y una evolución respecto al pasado. Y, por supuesto, de la riqueza y los aires nuevos, producto de su encuentro con las personas que se conviertan en sus parejas y de la nueva familia que con ellas formen.

Gratitud hacia nuestros mayores no debe confundirse con mimetismo, adoración ciega o inmovilidad. Transformarnos es necesario e inevitable y más desde el momento en que dos personas procedentes de sistemas familiares y, a veces, culturales distintos comienzan un proyecto de vida en común. Por eso, en ciertas ocasiones, cuando dentro de una familia nos encontramos con dos maneras distintas de ver las cosas que, por la razón que sea, es difícil conciliar, está muy bien poder decir: «Yo lo veo de una manera y vuestro padre de otra, y hoy lo haremos a la manera de vuestro padre».

A veces, en las parejas, uno de los miembros se cree mejor y con mejores valores que el otro, y no sólo trata de imponer su forma de ver las cosas, sino que deslegitima con sus actitudes, y a veces incluso con sus comentarios, la forma de verlas y de resolverlas del otro. Ser capaz de decir «hoy lo haremos a la manera de vuestro padre (o de vuestra madre)», es tanto como decir «la manera de vuestro padre es tan válida y tan legítima como la mía, aunque sea distinta a la mía, y yo la secundo con el mismo respeto que si fuera la mía». Esto, en el fondo, es un acto de amor que confiere gran fuerza y dignidad a unos padres frente a sus hijos. Y sirve tanto para los padres que estén juntos, como para los que estén separados.

«Preciso, conciso y macizo»

Así es como tiene que ser lo que les digamos a nuestros hijos, según Angélica Olvera, una de mis grandes y queridas maestras actuales. Ella en realidad dice: «consiso, presiso y masiso», puesto que es mexicana. El alma, dice Angélica, necesita las palabras justas y nosotros hablamos demasiado.

«Yo soy el padre, tú el hijo», «Tú y yo no nacimos el mismo día» o a «A mí me hacéis el favor de llamarme mamá» son frases precisas, concisas y macizas. También lo son la gran mayoría de las que citaré más adelante: «Todo, menos tomarnos el pelo», «Tienes tres opciones…», «Libre tú pagando yo, va a ser que no» o «No te creas que a los dieciocho esto va a ser jauja», etc.

Los padres y las madres deberíamos hacernos con un buen puñado de ellas y comenzarlas a utilizar en lugar de los discursos mareantes a los que sometemos a nuestros hijos, que para lo único que sirven a ciencia cierta es para poner en evidencia nuestros puntos débiles en el momento más inoportuno y para rebajar o soltar tensiones internas que nada tienen que ver con ellos, con lo cual quedan en entredicho nuestro equilibrio y nuestra credibilidad.

Por la boca muere el pez y, en ciertas ocasiones, cuanto más hablemos peor. Más probabilidades de meter la pata, de contradecirnos o de invalidar cualquier instante de lucidez que hayamos podido tener. Con adolescentes es nefasto hablar demasiado porque en dialéctica no hay quien les gane y lo único que puede callarles es que lo que digamos nosotros sea más breve y más contundente. Si además es simple y profundo a la vez, mejor aún. De esta forma no les resultará tan sencillo pillarnos. Por otro lado, también hay que tener en cuenta que si ven que nos enzarzamos fácilmente en contiendas verbales con ellos, las van a provocar por la sensación de fuerza y de poder que tienen cuando consiguen sacarnos de quicio y porque, de paso, ellos liberan sus propias tensiones.

Muy especialmente en aquellas ocasiones en que hay mar de fondo o en que tengamos que darles determinadas órdenes, tenemos que acostumbrarnos a hablar poco y claro, y a decir las cosas no más de dos veces seguidas. De lo contrario, lo vamos a tener magro para que nos tomen en serio. Advierte Ferran Salmurri que cuando los padres decimos las cosas cuarenta veces, los hijos a la primera no nos hacen ni remoto caso porque saben que faltan todavía treinta y nueve.

«No me ralles» o bajo el síndrome de Peter Pan

No hace falta que les soltemos un rollo mareante de esos a los que me refería anteriormente ni que les digamos algo cuarenta veces. No hace falta siquiera que abramos la boca. A veces, basta con que nos acerquemos a nuestros adorables hijos adolescentes con la intención de articular una palabra para que nos digan: «No me ralles».

«No me ralles» no siempre significa «No me lo digas cuarenta veces». Los adultos, en general, interpretamos que significa «No me lo digas ni una vez siquiera». Entendemos que no quieren hablar con nosotros, que se huelen lo que vamos a decirles y prefieren que no se lo digamos. En parte así es, pero si nuestros hijos vinieran subtitulados, como decíamos al principio, veríamos que «No me ralles» tiene a menudo otro significado más profundo, estrechamente vinculado a las emociones propias de la adolescencia.

En realidad, «No me ralles» significa: «No me hagas pensar», «No me hagas sentir», «No me hagas mirar con profundidad», «No me hagas crecer»... Las dudas, la angustia, los temores adolescentes ante el mundo adulto que les sale al paso son tan grandes, aunque no lo parezca, que es mejor evitar cualquier ocasión de incrementarlas. Al no hablar, les evitamos el esfuerzo que supone tener que acomodarse al mundo adulto. Por eso a veces niegan o rechazan la comunicación con los padres. No es un rechazo a nosotros ni a relacionarse con nosotros, es un mecanismo de defensa o de autoprotección para seguir cobijados en el País de Nunca Jamás y no pasarlo tan mal.

En cierto modo supone no querer saber para poder permanecer un tiempo más en la niñez, el paraíso que por un lado desean y por otro temen abandonar. El mundo de los adultos se abre ante ellos con su amplio abanico de posibilidades y elecciones, pero también con sus ineludibles responsabilidades y riesgos. En realidad, es ese mundo el que los ralla y los rallamos inmensamente nosotros cada vez que les recordamos que está ahí fuera esperándoles y no van a poder demorarse demasiado en entrar en él.

Es importante que lo entendamos así y, como ahora veremos, que en determinados momentos lo respetemos, pero sin permitirles recrearse en ello y quedarse estancados en esta fase. La adolescencia es una etapa de paso, no un objetivo en sí misma, y los padres a veces tenemos que empujarles a que hagan el esfuerzo que se requiere para salir de ahí, crecer y madurar.

Mi misión es «rallarte»

En ciertas ocasiones tenemos que hacer caso a nuestros hijos cuando nos piden que no les rallemos. Sobre todo cuando estamos proyectando en ellos emociones y sentimientos que tienen que ver con otras personas, situaciones o episodios de nuestras vidas, o cuando estamos a punto de rebasar sus límites o los nuestros y podemos comenzar a dañarnos mutuamente.

Sin embargo, en aquellas ocasiones en que detectemos que lo que en realidad nos están diciendo es que no quieren hacer el esfuerzo de pensar, de sentir, de decidir, en definitiva, de crecer, entonces hay que recordarles lo siguiente: «Mi misión como madre (o padre) es rallarte».

Así de claro y breve, y sin acritud. No resultaría efectivo, por ejemplo, decírselo con ánimo de incordiarles ni hacerlo en momentos en que el ambiente está crispado o bien ellos, bien nosotros, hemos tenido un mal día. Cuando somos capaces de decirlo sin perder la compostura, con aplomo y a la vez con unas gotas de ternura, les ayuda a madurar y sobre todo les da una gran seguridad al ver que estamos pendientes de ellos, que les acompañamos en la aventura de crecer y que pueden seguir contando con nosotros.

Es muy necesario distinguir claramente entre lo que sería calentarles la cabeza con cuestiones intrascendentes, más relacionadas con nuestras propias manías o tensiones que con otra cosa, y lo que es vigilarlos de cerca e implicarnos decididamente en su proceso de crecimiento para hacer de ellos personas de bien. A menudo, los padres, porque resulta más cómodo y evita conflictos —al menos a corto plazo—, cuando dejamos que hagan lo que les dé la gana y no nos inmiscuimos, nos confundimos e incluso nos autoengañamos pensando que ya son mayores cuando aún no lo son lo suficientemente.

En una ocasión tuve una conversación con un grupo de adolescentes sobre aquellas cuestiones que les rallaban de verdad y aquellas que, aunque protestaran, en el fondo agradecían que los adultos les dijéramos. Entre las primeras señalaron todo aquello que les decimos cuando estamos «empanados», es decir, cuando alguna situación nos supera y descargamos en ellos. Entre las segundas, casi todo hacía referencia a normas, valores, historias familiares y de su infancia. Aun reconociendo que ciertas normas les repateaban —les resulta más cómodo ir a su bola—, las veían necesarias. Por otro lado, agradecían que sus padres fueran claros y no se enrollaran demasiado al ponérselas. Un chico llegó a reconocer que prefería que sus padres le dijeran un no rotundo, aunque le sentara mal, a que titubearan.

La mayoría de adolescentes son muy nobles y tienen un gran sentido de la justicia cuando se sienten tratados justamente y con nobleza.

«Mamá, rállame, por favor»

Cuando los padres «rallamos bien» a nuestros hijos, no sólo son más justos y respetuosos en su trato con nosotros, sino que también se van volviendo cada vez más inteligentes y más capaces de identificar, distinguir y pedir claramente lo que les conviene.

A veces, pueden llegar a sorprendernos increíblemente.

En una ocasión, mi hijo mayor me pidió permiso para ir a cenar al día siguiente a casa de un amigo que celebraba ese día su cumpleaños y, puesto que su amigo vivía en la otra punta de Barcelona, me pidió también si podía quedarse a dormir en su casa y a la mañana siguiente salir juntos para el cole. Tengo que decir que en aquel momento tenía diecisiete años.

Una de las normas que su padre y yo le hemos puesto es que los días entre semana tiene que dormir siempre en casa y no puede salir de fiesta a no ser en ocasiones excepcionales. La de aquel día la consideré una situación excepcional y le di permiso para ir al cumpleaños, pero no para pasar la noche fuera. Le dije que a las doce tenía que estar de vuelta en casa porque, de lo contrario, no estaría en condiciones óptimas para ir al instituto a la mañana siguiente y se enfurruñó mucho. Puso mala cara y estuvo protestando un buen rato.

Cuando llegó su padre lo hablé con él. Era invierno y yo había pensado que tener que regresar por la noche desde la otra punta de Barcelona quizás le iba a resultar más cansado que quedarse a dormir en casa de su amigo y su padre estuvo de acuerdo conmigo, por lo que a la mañana siguiente le dije que había reconsiderado lo que estuvimos hablando y que si quería podía quedarse a dormir en casa de su amigo, a lo que él me respondió: «Mamá, porque yo me enfade y ponga mala cara, tú no me tienes que dejar hacer lo que me dé la gana. "Suda" de mí y dime lo que tú consideres».

¡No daba crédito a lo que estaba oyendo! Mi hijo me estaba pidiendo que tanto si él protestaba como si no, yo cumpliera con mi papel de madre y siguiera orientándole y diciéndole lo que me parecía oportuno y lo que no. Entonces le expliqué que el motivo inicial de no dejarle quedar era porque pensaba que no dormiría y no descansaría lo suficiente, pero que luego hablando con su padre lo habíamos reconsiderado y que creímos que era mejor que hiciera lo que él pensaba que iba a suponerle menor cansancio, puesto que ya era mayor para valorarlo y nosotros nos fiábamos de su criterio. «Vendré a dormir a casa —me dijo sin titubear–. Allí dormiré seguro menos horas. Pero, por favor, mamá, tú rállame siempre que convenga. Sin pasarte demasiado tampoco, ¿eh? –añadió con humor.»

Efectivamente, te estoy controlando

A la vista está que los hijos necesitan y desean que les pongamos normas y que el hecho de hacerlo lo interpretan como una señal de que nos importan y nos preocupamos por ellos. Recuerdo siempre el caso de una chiquilla de quince años que asistió a un taller de educación sexual que dimos otra compañera y yo. Nos contó que le gustaría que sus padres le pusieran una hora de llegada a casa como a sus amigas, en lugar de dejarla llegar a la hora que ella quisiera.

Las primeras veces que nuestro hijo mayor comenzó a salir por su cuenta con amigos y a pasar noches fuera de casa, sin que fuéramos a llevarles y recogerles los papás como cuando eran más pequeños, le pusimos como condición que tenía que haber siempre algún adulto en la casa donde estuvieran y que nos tenía que dar además el teléfono fijo y la dirección exacta de esa casa, entre otras razones (como por ejemplo, saber dónde estaban), para que pudiéramos llamar a esos padres y darles las gracias por invitarlos y cuidar de ellos.

—No hace falta llamar —nos dijo la primera vez.

—Claro que hace falta; ser agradecido es de bien nacido y es una cortesía mínima darle las gracias a alguien que acoge a tu hijo en su casa —le dije.

Actualmente es él el que, cuando sale su hermano pequeño, le dice: «Ya les estás dando nombres, dirección y un teléfono fijo».

La primera vez que pasó la verbena de san Juan fuera nos dijo que iría a dormir a casa de su amigo Edu y que no estarían sus padres, pero sí su hermano, mayor de edad. Yo no dudé en llamar a la madre de su amigo para comprobar si lo que me había contado era del todo cierto.

–¿Me estás controlando? –me preguntó con cierta suspicacia cuando se enteró.

–Sí, hijo mío, te estoy controlando.

–¿Es que no confías en mí? –me respondió un poco molesto.

–Claro que confío en ti, cariño –le dije con dulzura–, pero tengo que comprobarlo para estar segura que puedo confiar.

Otras veces eran las madres de los amigos de mis hijos las que me llamaban a mí. De hecho, hace muy poco, tuve a varios amigos de mi hijo durmiendo en casa y, a pesar de que ya son mayores de edad, una de las madres me llamó para saludarme al menos por teléfono, hacer de paso las comprobaciones pertinentes y darme las gracias.

He de añadir que no tengo por costumbre registrar sus habitaciones ni fisgonear en sus cosas, pero de tanto en tanto cuando entro echo un vistazo general, miro si hay algo que me llama la atención y, por supuesto, si detecto algún comportamiento o actitud que me resulta extraño, entonces investigo.

Todavía no...

A los adolescentes les entra una urgencia repentina por ser mayores. En parte, por la necesidad de distanciarse de los adultos y la inmediatez por la que se rigen, y, en parte, por la influencia del grupo de amigos. Quieren –a veces incluso exigen– que los padres les demos todos los permisos y toda la libertad para hacerlo todo ya. Parece como si se terminara el mundo, como si mañana no existiera y las cosas tuvieran que ser ahora o nunca.

Su sistema hormonal está disparado, se creen con capacidad para cualquier cosa, y, cuando los padres pretendemos poner freno a sus pretensiones, les sienta fatal. Es el momento en que tenemos que oírnos aquello de: «¡A todos les dejan menos a mí!».

A veces se las ingenian de maravilla para salirse con la suya. En una ocasión, nuestro hijo nos dijo que los padres de Pablo, uno de sus mejores amigos, le dejaban que fuera solo en tren, con un grupo de varios chicos y chicas, a un parque temático que está a unos kilómetros de Barcelona. A pesar de que eran bastante mayores y responsables para ir solos, tuvimos nuestras dudas, pero el hecho de tener a los padres de su amigo por personas muy sensatas tuvo su influencia para que finalmente nosotros también le diéramos permiso. Un tiempo después hablé con la madre de Pablo.

Me dijo que ellos también tuvieron sus dudas al respecto, pero que cuando supo que dejábamos ir al nuestro ellos dejaron ir al suyo porque nos tienen por personas muy cabales.

A pesar de que de tanto en tanto nos van a colar igualmente algún gol como el anterior –forma parte del guión–, los padres tenemos que plantearnos qué les vamos a permitir y qué no, en función de nuestros valores personales, del contexto en que vivimos y de la madurez del propio hijo. Y, aunque ellos lo quieran todo de una vez, tenemos que explicarles que hay cosas que más adelante podremos permitirles, pero de momento todavía no.

Tienen que saber que llega un momento en que es normal que se vean y se crean mayores. Han crecido mucho y en cierta medida lo son, aunque no tanto como piensan. Hay cosas que por su «inocencia» y su falta de experiencia ellos todavía no saben cómo resolver y nosotros tenemos que protegerles, velar por su seguridad y evitar que enfrenten situaciones arriesgadas.

Con diecisiete años, nuestro hijo mayor nos pidió permiso para ir a una final de la Euroliga de baloncesto, fuera de España, con un grupo de amigos. Su padre y yo se lo denegamos. Le explicamos que aunque él se veía mayor y responsable, y era realmente así, todavía no lo era lo suficiente para ir solo. Si todo salía bien se las podrían arreglar perfectamente, pero si surgía algún tipo de problema necesitaban aún la experiencia y la compañía de un adulto.

Cuando cumplas los 18, esto no va a ser jauja

Cuando nuestros hijos nos piden permiso para hacer algo y nosotros les decimos que «todavía no», que tienen que esperar a ser un poco más mayores, conviene que les dejemos muy claro también, desde el primer momento, que el disparo de salida de su total y absoluta libertad no lo marcan los dieciocho años.

Algunos adolescentes andan muy confundidos en ese aspecto. Se imaginan que el día que lleguen a su mayoría de edad legal podrán hacer lo que quieran sin dar cuentas a nadie.

La hija de unos amigos nuestros les dijo a sus padres poco antes de cumplir los dieciocho: «A partir de ahora seré mayor de edad; ya no podréis meteros en mi vida ni decirme lo que tengo que hacer y lo que no».

Nosotros, por si acaso, les venimos advirtiendo desde los quince que no se crean que cuando cumplan los dieciocho esto va a ser jauja.

Por una parte, tienen que saber que la edad cronológica por sí sola no es motivo suficiente para que de repente puedan hacer cualquier cosa. Lo que pueden hacer y lo que no tienen que ver en gran medida con su madurez y su nivel de responsabilidad, y eso hay que demostrarlo haciéndose merecedores de la confianza que progresivamente vamos depositando en ellos. Hay chicos que, aunque tengan los dieciocho o más, están muy verdes todavía, y habría que seguir denegándoles determinados permisos que, por la presión social, los padres se ven muchas veces impelidos a concederles.

Por otra parte, está lo que comentaba anteriormente, lo vulnerables que son por su inexperiencia y lo necesario que sigue siendo para ellos tenernos cerca, especialmente cuando surgen problemas. Como dice Mariano Royo, la dependencia emocional de los adolescentes respecto a sus padres no desaparece tan pronto como pensamos. Necesitan sentirse protegidos para poder llegar a ser ellos mismos y, cuando algo les sobrepasa y les desborda, la mayoría siguen recurriendo a los padres. De hecho, la relación con los padres evoluciona y se transforma, pero el vínculo permanece siempre.

Finalmente, mientras sigan en casa, los hijos tienen que avenirse a cumplir las normas mínimas de organización y convivencia familiar que los padres consideremos oportunas. Esto que parece tan obvio no lo es tanto y, en muchos hogares, los hijos mayores no siguen otra norma que sus propios impulsos y deseos, y esto es un grave error.

Libre tú pagando yo, va a ser que no

Si fuera mi hijo el que me hubiera dicho que a partir de los dieciocho ya sería completamente libre y que no podría meterme en su vida, le habría dicho algo conciso, preciso y macizo que mi propio padre me dejó muy claro a mí en su día: «Libre tú pagando yo, va a ser que no».

De hecho, se lo he dicho en más de una ocasión que ha venido a cuento, antes de que se le ocurriera decirme algo parecido a lo que les dijo a nuestros amigos su hija. Hay cosas que no podemos dar por supuestas ni dejar de decirlas por no ofender.

Mi padre supo explicarme muy bien que podría hacer lo que yo quisiera, sin consultarles ni darles cuentas, el día que fuera completamente autónoma, autosuficiente y capaz de responder por mí misma de mis actos. A mayor autonomía y responsabilidad, mayor libertad para decidir y actuar por mí misma.

Así mismo se lo he transmitido yo a mis hijos. Uno no puede ir por la vida haciendo lo que quiera y pagando sus padres. No sólo no es justo, sino que a veces es indecente. Es una falta de responsabilidad y, a la vez, una falta de respeto que no podemos consentir.

Últimamente observo con lupa las actitudes y reacciones de mis hijos. Me he propuesto hacerles reparar –amorosamente y seriamente a la vez– en cualquier atisbo de abuso hacia nosotros o hacia cualquier otra persona. No es sencillo hacerles ver la doble lectura que pueden tener a veces sus actos. Suelen ser matices muy sutiles, la mayoría de las veces inconscientes y, por supuesto, involuntarios. Pero no por ello hay que pasarlos por alto.

No lo hago porque tema que vayan a convertirse en unos tiranos. Creo que tienen los valores y la huella familiar necesaria para no serlo, pero no me basta con que no sean desconsiderados. Me gustaría dejar en ellos la semilla de la ternura y que sean capaces de mirar las cosas con los ojos del alma, y, mientras estén bajo mi tutela y sigan bajo mi techo, voy a hacer cuanto esté en mis manos para ello, a pesar de que lo más cómodo sería desistir.

Mostrarles lo que no se ve y hacerles reparar en cómo afecta a otras personas lo que hacen no es cómodo. Ellos no lo ponen nada fácil. Les causa una pereza inmensa, como decía anteriormente, que les hagamos pensar y crecer. Pero es algo irrenunciable por nuestra parte y el secreto radica en ser capaces de hacerlo desde la ternura y la confianza, así como en saber encontrar el momento y acertar en el tono.

Sin vuelta de hoja

Querer a nuestros hijos no tiene nada que ver con sobreprotegerles, consentirles y concederles todos sus deseos. Aprender a decir «no» bien dicho, de un modo firme y sereno, aunque a veces nos duela, es una de las asignaturas pendientes de muchos padres. Incluso se lo podemos decir: «Me duele tener que decirte que "no". Y a pesar de ello, sigue siendo "no"».

Otra asignatura pendiente es aprender a poner las normas bien claritas y con el menor número de palabras posible. Algunos padres y madres deberíamos ponernos un esparadrapo en la boca inmediatamente después de haber pronunciado la primera frase. Cuando decimos sólo lo justo tiene mucha más fuerza.

No digo que no haya normas que requieran una explicación y que no sea bueno darla. Pero esa explicación se da, si hace falta, la primera vez. Luego se cumple y punto. No hay que entrar en diálogo en el momento en que se le dice a un hijo que haga el favor de llevarse a su habitación los zapatos que ha dejado olvidados en la sala de estar o que baje el volumen del televisor. Ellos son capaces de discutir media hora cuando lo que les pedimos puede solucionarse en segundos y somos nosotros quienes no tenemos que caer en su juego y propiciar que se monte un pitote por algo que es innegociable.

En ciertos temas podemos dejar que nos hagan sugerencias, que propongan ellos otras formas de hacerlo y de resolverlo. Fomentar su propia iniciativa favorece a menudo mayor implicación por su parte. Pero hay que dejarles también muy claras cuáles son aquellas cuestiones que no tienen vuelta de hoja, y, que se pongan como se pongan, no vamos a transigir.

Los momentos de calma son los mejores para el diálogo y tenemos que aprovecharlos para establecer determinadas normas y para volver sobre problemas y situaciones que no hayan quedado bien resueltos. Lo más habitual es que tanto ellos como nosotros evitemos menear aquellos asuntos que sabemos que originan fricciones y conflictos, pero tenemos que hacerles ver que, aunque los escondamos bajo la alfombra, los problemas siguen estando y que hay que hacer limpieza y cerrarlos bien, pues de otro modo enrarecen el ambiente y entorpecen la comunicación. Además, si a algo importante no se le presta la atención debida y se deja pasar por alto por sistema, a veces cuando se quiere arreglar ya no hay por dónde abordarlo.

De hecho, los padres tenemos que ser capaces de crear y provocar situaciones para hablar de lo que queremos hablar y, como quien no quiere la cosa, hacer que vengan a cuento aquellos temas que nos conviene retomar. A veces hay que elaborar auténticos guiones de lo que queremos decir y ensayarlos primero. No garantiza que todo vaya a salir como lo hemos planificado, pero resulta de una gran utilidad para tenerlo todo más claro y decirlo mejor, con otro tono más tranquilo y más meditado.

¿Más mano dura y menos contemplaciones?

Algunos padres parecen tener muy claro lo que les hace falta a los adolescentes: «Más mano dura y menos contemplaciones».

Según en qué sentido se diga lo comparto y según en qué sentido no. Es una idea que hay que matizar muy bien. Si por mano dura entendemos establecer una relación basada en el castigo, la imposición y la intransigencia, no puedo suscribirla. Si, en cambio, entendemos exigir a nuestros hijos el cumplimiento de sus responsabilidades, no consentirles determinadas actitudes y no permitir que nos falten al respeto, entonces es otra cosa.

Hay algo que no deberíamos consentir a nuestros hijos, y es que se crean con determinados derechos –vitalicios, además– por el mero hecho de ser nuestros hijos, que nos pidan explicaciones de asuntos que no les corresponden, que nos exijan a nosotros el máximo y ellos no hagan ni tan siquiera lo mínimo, que, en lugar de darnos las gracias por lo que les damos, protesten y se quejen continuamente por lo que no les damos... Ahí sí que se necesita «mano dura», que supone algo tan simple como decirles: «Por ahí no voy a pasar» o «Por ahí vas a salir perdiendo, fijo».

Por lo demás, no soy nada partidaria de volver a la férrea disciplina de épocas pasadas. No sólo porque los tiempos son otros y el pasado no puede retornar, sino también porque me gusta que los adolescentes de hoy no obedezcan por obedecer. Si logramos que crezcan emocionalmente sanos, va a ser más difícil domesticarles y someterles; podrán ser ciudadanos más libres y me parece genial. A los adultos que estamos a su cargo nos resulta más incómodo y nos exige bastante más, pero es bueno para ellos y también para nosotros.

No olvidemos que la autoridad no tiene que representar un sistema coercitivo y represivo, sino un conjunto de normas, reglas y condiciones que garanticen su seguridad y la nuestra, así como el ejercicio de sus derechos y deberes y los nuestros. En el fondo, la convivencia armónica y en paz, respetando la dignidad de cada cual. Además, la autoridad no se tiene que imponer, sino que se gana desde la propia madurez personal, desde la sintonía afectiva con ellos, desde saber estar en el lugar que nos corresponde y, muy importante también, desde ser capaces de acatar nosotros mismos la autoridad cuando es preciso.

No me mires así, que no estoy empanada

¿Qué madre o padre no le ha dicho a su hijo/a adolescente alguna vez algo tan simple y tan lógico como que guardara un DVD dentro de su correspondiente estuche o que tirara a la basura un brik vacío de zumo de frutas, y el hijo/a en cuestión le ha mirado como si estuviera medio zumbada/o y le estuviera pidiendo algo completamente irracional?

«No me mires así, que no estoy empanada», –me contó una madre que le decía a su hija cada vez que le daba una orden de lo más normalita y ésta la miraba raro.

Cada familia y cada casa tienen unas normas. La mayoría suelen ser completamente arbitrarias, pero aun así tienen su lógica y su sentido. Dependen de los valores y costumbres de cada familia y no son ni mejores ni peores que otras. Mientras no supongan un atentado contra los derechos humanos y no resulten dañinas para la integridad personal de alguien, no hay nada que objetar.

Aunque generalmente exageren y se pongan melodramáticos, los adolescentes no suelen quejarse precisamente porque las normas sean irracionales, vejatorias o abusivas. Se quejan por quejarse, porque es lo que les corresponde y porque, como dijimos, así liberan tensiones internas y miden sus fuerzas. Ven hasta donde les permite llegar la confrontación y es muy conveniente que los padres podamos estar frente a sus quejas sin perder los nervios y sin dar nuestro brazo a torcer. Si cada vez que oponen una fuerte resistencia claudicamos y se salen con la suya, las consecuencias pueden ser graves. Se pueden convertir en el típico niño/a malcriado/a que cree que nada se le puede resistir y que no tolera la frustración o, en casos más extremos, en auténticos déspotas o tiranos que necesitan someter a los demás a sus caprichos y voluntades.

Por eso es tan importante que a la hora de poner las normas seamos lo más claros y breves posible y sepamos mantenernos firmes. Y, sobre todo, es muy necesario que en el instante preciso de hacerlas cumplir no nos enredemos con explicaciones que puedan debilitarlas y digamos las palabras justas:

- Lo decido yo porque soy tu madre y es mi deber y mi responsabilidad decidirlo.
- Soy mayor que tú y de momento tienes que hacerlo a mi manera.
- Lo tienes que hacer así porque éstas son las normas de esta casa.
- Cuando tengas tu propia casa podrás hacerlo a tu manera.

Etc.

En otro momento podemos hablar de lo que convenga, y es bueno que estemos abiertos a conversar con ellos de cualquier tema, pero distinguiendo siempre lo que es negociable y debatible de lo que no lo es.

«Volando voy, volando vengo...»

... por el camino yo me entretengo, dice la canción de Camarón.

«Yo creo que me sé contener, que hablo bastante claro y que soy mínimamente comprensivo —me dijo una vez un padre en una charla—. Pero el problema es que no consigo dialogar con mi hija como me gustaría porque casi nunca está. Y cuando entra por la puerta no puedo ponerle una norma o soltarle un discurso acto seguido de que termine de decirme "Hola papá", porque se volverá a ir.»

La chica en cuestión tenía diecinueve años. Aunque nunca es tarde, a los diecinueve años a veces cuesta encontrar el momento propicio para poder hablar de los temas que no se hayan hablado antes. Como contrapartida, a esa edad suelen ser también más maduros y el diálogo con ellos puede resultar bastante más grato y sosegado. Pero, ciertamente, paran menos por casa y son cada vez más autónomos. Entran y salen constantemente y es más difícil dialogar sobre ciertas cuestiones, especialmente sobre aquellas que no son de su agrado o no les interesa que toquemos. Son muy habilidosos para evitarlas y echar pelotas fuera, y nosotros tenemos que serlo también para plantearles lo que sea preciso y no permitir que escurran el bulto una vez tras otra.

Hay familias que tienen establecido un día y hora concretos, por ejemplo, la sobremesa de alguna comida o cena, para conversar sobre aquellas cuestiones que no se hayan podido tratar durante la semana. Algunos organizan una especie de asamblea familiar en toda regla, con unos turnos y unos tiempos de intervención más o menos delimitados, para que todos puedan decir aquello que no tuvieron ocasión de decir en su momento. Depende, en buena medida, del estilo de cada familia, de la organización de cada casa y de la edad de los hijos.

A mí me ha venido muy bien hablar ciertos temas con cada uno de mis hijos por separado, aprovechando cuando vamos caminando relajadamente por la calle, por ejemplo, cuando vamos de compras o mientras vamos al fútbol. También hemos tenido muy buenos momentos de conversación en la playa o en la piscina –mientras te das un baño se está muy relajado–, y a veces en el coche.

En cualquier caso, veo muy conveniente aprovechar la infancia y las primeras fases de la adolescencia para dialogar sobre todo aquello que convenga y dejar bien sentadas ciertas normas que más adelante puede ser más complicado implantar.

También es preciso que les hagamos conscientes de la importancia de dialogar y que los habituemos a hacerlo con cierta frecuencia, de tal manera que no asocien diálogo a bronca y cada vez que queramos hablarles se resistan o pongan cara de martirio porque interpreten que vamos a reñirles o a soltarles el sermón de la montaña.

Si yo te hablo bien, tú me hablas bien

Contención, contención y más contención. Esto es lo que nos hace falta a los padres para poder ser afectivos y efectivos con nuestros hijos. Recordemos que contención no es reprimir lo que sentimos, sino expresarlo sin desbordarnos ni desbordarlos. Para contener a nuestros hijos no siempre hacen falta palabras; puede bastar con nuestra presencia apacible y comedida, con poder estar frente a su enojo o su dolor sin descomponernos ni alterarnos. Si los padres estallamos o saltamos a la mínima –lo cual nuestros hijos nos ponen realmente muy fácil–, nuestra labor pierde eficacia y profundidad.

Como ya dije, autoridad no significa gritar más que ellos o decir lo que tengamos que decirles más alto. Alguna vez puede hacer falta y puede funcionarnos, pero por sistema no hace más que crispar el ambiente y aumentar la tensión hasta el límite.

Muchos padres se quejan de que, aunque ellos mantengan la calma y la compostura, sus hijos no hablan, muerden. Que apenas abren la boca saltan chispas, que se ponen a la defensiva por menos de nada o que pasan directamente al ataque por una simple sugerencia o comentario.

–¿Qué tal te ha ido? –le preguntó una madre a su hija a la vuelta de un viaje.

—¡Ay, mamá! ¡Déjame en paz y no empieces ya! —respondió la hija.

Una amiga mía, la primera vez que su hija le alzó la voz y le salió con un desaire de este tipo, le dijo:

—Mira qué te digo: Si yo te hablo bien, tú me hablas bien, ¿entendidos?

Con esta frase basta. ¿Para qué decir más? En realidad, saber contenerse es precisamente ser capaz de no decir nada más. Cuando nada más comenzar un tema de conversación nuestros hijos se pongan a la defensiva o se desaten, basta con que les recordemos que si nosotros hacemos el esfuerzo de contenernos y de hablarles en un tono tranquilo y respetuoso, ellos tienen que correspondernos del mismo modo. Y si no es posible, se deja la conversación para otro momento en que estén o estemos todos más tranquilos.

Si nos habituamos y les habituamos a hacerlo así, podremos comprobar que las palabras justas pronunciadas con el tono adecuado producen a menudo un efecto balsámico instantáneo y restablecen la escucha y la buena sintonía. Sin embargo, cuando una situación nos sobrepasa, la tendencia es normalmente la contraria. Solemos desahogarnos sermoneándoles o regañándoles hasta que hemos soltado toda la tensión y, sin darnos cuenta, comenzamos a mezclar otras cuestiones que no vienen al caso y, enredamos más las cosas. Perdemos claridad y, aunque tengamos razón, perdemos también autoridad. Quizás sea lo que mejor he aprendido durante la adolescencia de mi hijo: a contenerme.

Mal de muchos, nos ayudamos entre todos

Una madre me contaba que ella tenía bastante claros los mensajes que quería dar a sus hijas y que, cuando leía un buen libro o dialogaba con otros padres, lo tenía más claro aún. Pero cuando se ponía delante de ellas, no sabía por dónde empezar. Le entraba una especie de pánico escénico y era incapaz de decirles lo que se había propuesto. La sensación que tenía es que hablaban idiomas distintos y que si sacaba ciertos temas acabarían discutiendo. Temía perder los papeles si eso ocurría y terminaba por no decir nada.

Es normal que lo pasemos mal cuando sabemos que hay que tocar algún tema delicado y que a veces prefiramos no tener que decir nada, pero hay que buscar la mejor manera y decir lo que haya que decir. El problema de esta madre era de autocontención y la contención tiene que ver con todo lo que estamos hablando, principalmente con tomar de los propios padres la fuerza para vivir y criar a nuestros hijos, y también con reorganizar nuestro propio mundo emocional y mejorar nuestras habilidades comunicativas.

Las frases cortas nos ayudan a contenernos y a contenerlos a ellos, por ejemplo, frases como la de la madre anterior: «No me mires así, que no estoy empanada» o «Si yo te hablo bien, tú me hablas bien». También puede ayudarnos aprovechar comentarios, noticias y conversaciones cotidianas para dejar caer sutilmente algunos mensajes que si abordáramos abiertamente podrían generar rechazo, o, como decía anteriormente, provocar situaciones propicias y ensayarlas antes. Y desde luego, hacerles ver la necesidad, como también comentaba, de volver sobre algunos temas importantes y retomar determinadas situaciones que no quedaron bien resueltas o que podemos reinterpretar de nuevas maneras.

Cuando sabemos que es fácil que nos digan que no les rallemos o que tengamos un encontronazo antes de empezar, es bueno prometerles que nosotros vamos a poner de nuestra parte para hablarles con respeto y mantener la calma, y pedirles que ellos también pongan de la suya para no alterarse y poder mantener una conversación normal. Esto suele favorecer la contención tanto de los padres como de los hijos.

Finalmente, a todos los padres nos ayuda a centrarnos y nos resulta muy enriquecedor compartir experiencias con otros padres que se encuentren en situaciones similares. Si pueden ser encuentros periódicos, en grupos dinamizados por especialistas, mejor aún. Mi experiencia de este tipo de encuentros es muy positiva y a la vez muy grata. Para los padres representan una especie de reconstituyente anímico, y salen de ellos con las pilas cargadas y con mayor claridad. Muchos de ellos reconocen que si no se producen con cierta continuidad, la presión a que se ven sometidos en el día a día, que les deja poco tiempo para pararse a reflexionar, hace que desconecten y retornen de nuevo a los antiguos hábitos.

El televisor y el sofá son míos

En una ocasión salimos a cenar con mis cuñados a un restaurante cercano a su casa. Íbamos con nuestros hijos y los suyos. Una vez terminada la cena, nosotros nos quedamos un rato de sobremesa y los chicos nos pidieron permiso para irse a casa. Mis cuñados les dieron las llaves y se fueron. Cuando llegamos, encontramos a los cuatro instalados en la sala viendo un DVD. Mi cuñado fue increíblemente preciso, conciso y macizo: «Hala, a vuestra habitación, que la tele y el sofá son míos», les dijo sin acritud.

Sus hijos, seguidos de los nuestros, sacaron el DVD y se levantaron sin rechistar. Nosotros nos instalamos cómodamente en el sofá y estuvimos tomando una copa y charlando hasta tarde.

Tengo que reconocer que esta frase, según el tono y la carga emocional con que se pronuncie, puede sonar agresiva y herir ciertas sensibilidades. En aquel caso concreto, no me pareció que mi cuñado estuviera ejerciendo ningún tipo de tiranía ni que mis sobrinos se traumatizaran. Al contrario. Me pareció un buen ejemplo de lo que es situarse en el lugar de padre y ejercer eficazmente la autoridad. Probablemente pueda decirse de otras formas, pero lo que también es cierto es que en la época de los derechos de los niños, algunos padres nos hemos confundido y hemos llegado a pensar, equivocadamente, que sólo ellos tienen derechos y que hacerles levantar del sofá es poco menos que una agresión.

En nuestra casa no estaban las normas tan bien delimitadas respecto a la televisión y aquello me hizo pensar. Cuando yo era pequeña vivía en una casa de campo, y televisor y sofá eran dos enseres independientes uno de otro. El televisor, en blanco y negro al principio, estaba encima de una mesa con ruedas en la cocina y para verlo teníamos que coger las sillas que había alrededor de la mesa, que eran de fórmica y, por tanto, eran duras, y sentarnos frente a él. El sofá estaba en un rincón del comedor, que sólo utilizábamos los domingos, y lo usábamos básicamente como cama cuando venían a visitarnos mis abuelos maternos y se quedaban unos días. Cuando mi marido y yo nos casamos, compramos un sofá y una tele y los colocamos uno frente a otro. Cuando nuestros hijos nacieron, no sólo se los encontraron puestos, sino que, a medida que fueron haciéndose mayores, fueron tomando posesión de ambos. Dudé que a esto se le pudiera llamar realmente evolución, y a partir de ese momento me propuse recuperar el sofá y la televisión cuyo mando habíamos cedido, en parte.

Ahora, no hace falta ni que se lo pida. Basta con que me acerque a la sala para que mis hijos desocupen la parte del sofá donde a mí me gusta sentarme y me entreguen el mando de la tele.

Los «tope manta»

Hay algo imposible de imaginar hasta que no se ve con los propios ojos: las habitaciones de los adolescentes. ¡«Lo flipas» cuando las ves! Para no exasperarnos, viene bien mirarlo desde la perspectiva biológica y entenderlo como algo natural y pasajero.

Las paredes, atiborradas de posters, fotografías, recuerdos y objetos de culto, que a veces contravienen el más mínimo sentido estético, deben de estar en consonancia con su desenfrenada actividad hormonal y el caos que reina en ellas a veces debe de tener que ver con su propio desbarajuste interno. Sé muy bien que durante la infancia los niños conocen el mundo y durante la adolescencia tratan de organizarlo, aunque, a juzgar por como tienen sus cosas, nadie lo diría. Más bien parece que hayan optado por dejarlo desorganizado de por vida.

¿Cómo es posible, por ejemplo, que estando los dos pies juntitos como están, las zapatillas no puedan quedarse también las dos juntitas cuando se las quitan y te las encuentres cada una en una punta distinta de la habitación? ¿Qué les impide realizar un simple movimiento de unos noventa grados con el brazo, para depositar un papel en la papelera, que está justo al lado de su mesa? ¿Por qué no consiguen establecer relación entre dos conceptos tan sencillos como ropa y armario y ambos objetos sólo llegan a encontrarse cuando los padres les proferimos algún tipo de amenaza seria?

Es realmente fácil llegar a la conclusión de que son simplemente unos «tope mantas» y cargar contra ellos, contra su dejadez y su holgazanería. Pero, al margen de que a veces pueda venirnos bien para desahogarnos, ésta es una interpretación bastante simple e inexacta. Efectivamente, la mayoría de adolescentes se apuntan a la ley del mínimo esfuerzo, y si la crispación de los padres llega al extremo de entablar discusiones continuas con ellos o de recogérselo nosotros, entonces bingo. Pero, sin duda alguna, hay razones evolutivas y naturales tras su desorden, como también puede haberlas emocionales, familiares y sistémicas.

En casos extremos que rozan casi lo patológico o entran de lleno en ello, sería interesante investigar, por ejemplo, qué relación puede existir entre su dificultad para colocar su ropa en el armario y su capacidad de contención; entre la incapacidad para colocar cada cosa en su sitio y la psicogenealogía familiar; entre el modo en cómo dejan las zapatillas y la imagen que tienen de la relación entre el padre y la madre, entre lo masculino y lo femenino…

El «peaje» de ser padres

La mirada profunda, sistémica, tiene su sentido y su razón de ser, y una mirada más simple y desenfadada también cumple su función.

Una amiga mía no ve ningún problema en que sus hijos tengan la habitación desarreglada. Dice que ella cierra la puerta para no verlo y se queda tan tranquila. Lo mismo le da que se hagan la cama como que no, que tengan toda la ropa apretujada y arrugada en el armario como que la tengan tirada por el suelo. Es asunto suyo y ya se apañarán.

A mí me cuesta cerrar la puerta y desentenderme por completo de lo que hay detrás. A veces consigo hacerlo por una simple cuestión de higiene mental, porque con los años he logrado asumir que no puedo tenerlo todo bajo control, que lo imperfecto también es perfecto y que en el fondo casi todo tiene una importancia relativa. Pero no por no verlo, deja de incomodarme. Y eso que lo de mis hijos no debe de ser muy grave, pues más de una persona que ha venido a casa me ha dicho que de qué me quejo, que bastante bien lo tienen. Se me hace difícil imaginar cómo estarán las habitaciones de los hijos de quienes me dicen esto.

Lo que tampoco soy capaz de hacer es lo que me contó una madre que hacía ella con la ropa de su hijo que encontraba por el suelo. La iba retirando con el pie hacia debajo de la cama, hasta que su hijo comenzaba a echar de menos prendas y ella le decía que no tenía ni idea de dónde podían estar. Cuando por fin lo descubrió, le hizo poner una lavadora con todo y le dijo que la próxima vez iría directo al contenedor de la basura, en lugar de debajo de la cama, y que, por supuesto, no le daría dinero para reponerlo. Desconozco si resultó efectivo o no, pero en cualquier caso hay algo en ello que no va conmigo.

A mí me funciona hacerles ordenar su habitación una vez a la semana. Los domingos por la noche antes de acostarse tienen que dejársela arregladita. El resto de días no me meto en cómo la tienen, a no ser que vea algo que clama al cielo. No se vaya a creer nadie que lo hacen por iniciativa propia. Casi todos los domingos se lo tengo que recordar. Pero volver una y otra vez sobre lo mismo, idear variaciones ingeniosas sobre los mismos temas, no dar por sentado lo que tendría que estarlo y no esperar recoger ciertos frutos mientras todavía están en casa, he llegado a la conclusión de que es una especie de peaje que nos toca pagar por el hecho de ser padres.

Volviendo al tema, evidentemente les doy razones higiénicas, estéticas y funcionales para ordenar sus cosas, pero una de las razones principales es que se trata de mi casa y yo lo quiero así.

Servicio de traducción simultánea

Sucedió un verano en la playa.

Cuando estamos de vacaciones, cada mañana cuando me levanto, después de asearme, voy a la cocina. Bebo un par de vasos de agua, corto un poco de sandía, que deposito sin corteza y prácticamente sin pepitas en una fuente y, con pan tierno recién traído por mi marido, preparo un par de pequeños bocadillos para nosotros y otro par para nuestros dos hijos.

Ellos normalmente se despiertan más tarde que nosotros y yo les dejo su bocadillo en un plato, que pasan a recoger por la cocina y se llevan a la terraza cuando se levantan. Lo siguiente que deberían hacer es lavar los platos del desayuno y arreglar su cama. En casa, durante el resto del año, casi todos los días dejan su cama hecha antes de irse al colegio. Pero en vacaciones se relajan, no hay un horario tan estricto como durante el curso, y a veces llega la hora de ir a la playa y todavía están las camas sin hacer y los platos sin lavar.

Llevábamos ya varios días así y mi paciencia, que es grande, a veces se agota. En lugar de perder los estribos, me fui a la playa, que me vino muy bien para distanciarme de la situación y relajarme. A la vuelta, con los ánimos atemperados por la brisa mediterránea y el masaje de las olas, les dije que iba a traducirles lo que significaba para mí su actitud, lo que entendía que me estaban diciendo con lo que hacían. Les conté que las personas estamos siempre comunicando cosas con nuestra conducta, aunque no digamos nada, y que a veces no tenemos ni la menor idea de lo que estamos comunicando y que es bueno saberlo para poder cambiar de actitud si con ello estamos dando a entender algo que no queremos o que no es cierto.

Les dije que responsabilidad y respeto van juntos, y que cada vez que su padre y yo cumplíamos con nuestras responsabilidades y ellos no cumplían con las suyas, no nos estaban respetando. En realidad, era como si nos dijeran:

• Vosotros estáis aquí para servirnos y nosotros para ser servidos.
• Vosotros tenéis sólo deberes y nosotros sólo derechos.
• Por mucho que vosotros hagáis lo que os corresponde, a nosotros no nos da la gana de hacer lo que nos corresponde.

El pequeño no rechistó, ya que con doce años que tenía por aquel entonces todavía tenía bastante de niño. El mayor, con los dieciséis cumplidos, protestó y manifestó su total desacuerdo.

Pequeños grandes actos de amor

Le respondí a mi hijo mayor que ya sabía que no era algo consciente ni premeditado, y que él seguramente lo veía de otra forma. Pero así era como lo interpretaba yo, y eso tenía que bastarle para cambiar de actitud.

No fue suficiente para que asintiera y se callara. En lugar de hacerse el propósito de actuar de otra forma, que era de lo que en realidad se trataba, seguía refunfuñando y discutiendo y sin dar su brazo a torcer. En ese momento, hice algo que sólo hago de tanto en tanto, es decir, recurrir no sólo a mi edad, sino también a mi condición de maestra, pedagoga y especialista en estos temas para hacer valer mi opinión por encima de la suya: «Mira qué te digo: tú y yo no nacimos el mismo día –le dije muy seriamente, honrando a mi abuela–, y además sé lo que me digo cuando son cosas que hacen referencia a mi profesión».

Dicho esto, cambió de tono y de registro y entonces le dejé que se explicara. Me dijo que él solía hacerlo, que solía lavar los platos y hacer la cama, pero que eran vacaciones y simplemente solía hacerlo más tarde de la hora que yo quería. Tenía razón, pero sólo en parte, pues algunos días por la noche las camas estaban sin hacer y, a la hora de la comida, los platos del desayuno seguían sin recoger. Él lo sabía y, aunque le costó, tuvo que reconocerlo.

Podría haberle dado un sinfín de razones para que lo hiciera como yo quería y cuando yo quería. Por razones no iba a quedar, pero soy muy consciente de que este tipo de disputas no se resuelven solamente con razones. Si no se apela a los sentimientos y al corazón, se cierran en falso.

Quise apelar, por tanto, a su corazoncito, que sé que lo tienen, y les dije:

—¿Por qué creéis que cada mañana cuando me levanto os hago el bocadillo? ¿Por qué me aburro y no sé qué hacer? –les pregunté.

—Lo haces porque te salen mejor y porque nos quieres –contestó el pequeño.

—Premio –respondí yo–. Los hago con todo mi amor porque sé que os gustan y me apetece daros ese gusto; me hace feliz que cuando os levantéis encontréis el bocadillo que os he preparado con todo mi cariño.

—El bocadillo que os hace vuestra madre es un pequeño acto de amor que ella os dedica cada mañana –añadió su padre–. A veces hacemos las cosas simplemente porque nos corresponde. Otras, las hacemos por amor a alguien o por contentar a alguien, aunque no nos corresponda, e incluso aunque no nos apetezca. Tenéis que ser capaces de hacer cosas por amor. El amor es lo que mueve el mundo, chicos.

—¿Tenemos que hacer la cama para contentaros? –preguntó el mayor.

—No –le contesté yo–. Tenéis que hacerla porque es vuestra cama y en esta casa se hacen las camas, pero si lo hacéis con amor se os hará más llevadero.

Por el artículo 155

A veces conviene lo poético y otras lo prosaico.

Tan necesario es que desarrollemos en nuestros hijos la capacidad de mirar las cosas con los ojos del alma, como que les situemos sobre la realidad política, social y cultural en que nos hallamos inmersos. Somos parte de una sociedad que no se destaca precisamente por su cultivo de la delicadeza y la espiritualidad, pero que nos asigna una serie de deberes, y no sólo de derechos, que como miembros integrantes de la misma debemos conocer y cumplir.

Vivimos en un estado de derecho regido, amparado y protegido por la ley. Además de la Constitución, que establece el marco de referencia básico, existen una serie de leyes y reglamentos que regulan la vida en sociedad con el fin de garantizar la convivencia, la igualdad, la libertad y la paz.

Los niños y los jóvenes en particular tienen un sinfín de derechos, recogidos en la declaración de Ginebra y en la Ley de Protección del Menor, por cuyo cumplimiento debemos velar todos los ciudadanos, especialmente los que por nuestra profesión o función podamos detectar situaciones de riesgo o de posible desamparo. La sensibilización hacia los derechos de los niños es cada vez mayor en nuestra sociedad, aunque quede trabajo por hacer y no siempre estén garantizados. Los deberes no han seguido la misma suerte y, contrariamente a los derechos, se han ido desdibujando, cuando, como advierte Emilio Calatayud, juez de menores de Granada, «trabajar en interés del menor es darle garantía y satisfacción de sus derechos exigiéndole sus obligaciones».

De obligaciones habla precisamente el artículo 155 del Código Civil español, que nos dice que los hijos deben obedecer a sus padres mientras permanezcan bajo su potestad y respetarles siempre, así como contribuir equitativamente, según sus posibilidades, a las cargas familiares mientras convivan con ellos. Increíble, pero cierto. Suena a música celestial que el Código Civil recoja algo que en estos tiempos se ha perdido un tanto de vista e incluso hay quien considera trasnochado. Un artículo conciso, preciso y macizo que no estaría mal que lo enmarcáramos, lo colgáramos en la habitación de nuestros hijos desde su primer día de vida y lo tuviéramos tan presente como sus derechos.

Con el corazón y la ley en la mano, y sin miedo a que nos acusen de autoritarios o dictadores, los padres tenemos que encontrar la manera de conseguir un equilibrio entre el amor y la autoridad, y ser capaces de transmitir y exigir a nuestros hijos una serie de normas, valores y actitudes mínimas necesarias para convivir desde el respeto, la cooperación y la cordialidad.

Déjame hacer mi vida

Del mismo modo que hay que exigir a nuestros hijos el cumplimiento de una serie de normas familiares, al menos mientras sigan en casa con los padres, hay que ir aceptando y propiciando que su autonomía, su espacio personal y su poder de decisión sean cada vez mayores, en justa correspondencia con su edad y su madurez.

Conforme van haciéndose mayores, hay que dejarles hacer su vida, lo cual no debe confundirse con no inmiscuirnos para nada en ella. Es imprescindible, además, que el hecho de que ellos puedan hacer su vida sea compatible con que nosotros podamos hacer la nuestra.

Mientras los hijos y las hijas vivan bajo nuestro techo, nos sigue correspondiendo la patria potestad. «Los hijos no emancipados están bajo la potestad de los padres», según establece el Código Civil, en su artículo 154. Dicha potestad debe ser ejercida siempre «en beneficio de los hijos, de acuerdo con su personalidad, y con respeto a su integridad física y psicológica». Se establece, además, el deber de los padres de escuchar a los hijos, si estos tiene juicio o madurez suficiente, antes de tomar decisiones que les afecten. Por un lado, nos corresponde seguir vigilantes, acompañar y reconducir sus pasos en la medida de lo necesario, respetuosamente y ajustándonos a las necesidades de cada momento y situación. Por otro lado, debemos otorgarles también un margen de iniciativa creciente, acorde con su madurez, responsabilidad y autonomía. El mismo artículo establece que los progenitores podrán recabar el auxilio de la autoridad, en el ejercicio de dichas funciones y deberes.

Asimismo, los padres tenemos –o deberíamos tener– vida al margen de los hijos. Es muy importante que nuestros hijos se percaten de que, aunque les queramos mucho, no todo nuestro mundo se centra en ellos ni gira a su alrededor. Además, el hecho de que ellos hagan su vida no debe implicar que la nuestra esté constantemente a merced de lo que ellos hagan o dejen de hacer, ni tampoco que toda la organización familiar se trastorne por ellos.

Los horarios familiares están a menudo fuertemente –y a veces también irracionalmente– condicionados por los horarios de los hijos, por las actividades extraescolares que realizan y los eventos a que éstas dan lugar. En algunas casas, no se puede hablar ni hacer ruido las mañanas de los sábados o los domingos porque los hijos se han acostado a las tantas y se levantan a la hora de comer, o ni siquiera se levantan y hay que guardarles y servirles la comida a la hora que a ellos les plazca. También en algunas familias, aunque los padres salgan a comer a un restaurante o se vayan fuera el fin de semana, antes de irse tienen que dejar la compra y la comida hecha para los hijos.

Hay momentos en que a los padres nos apetece cuidarlos un poco y lo hacemos con gusto, pero no debería convertirse en una obligación ni en algo sistemático, sobre todo cuando los hijos ya tienen ciertas edades.

Cuando se empiezan a quedar en casa y nosotros nos vamos, hay una norma que en mi caso es y seguirá siendo innegociable: que a mi regreso lo halle todo tal y como yo lo he dejado. Ésa fue la condición que le puse a mi hijo el primer fin de semana que se quedó solo en casa, para permitirle que se quedara solo en una próxima ocasión. Tengo que decir en su favor que no sólo cumplió lo acordado, sino que incluso puso una lavadora con su ropa.

Los otros también existimos

«¿Los adolescentes son conscientes de que los otros también existimos, de que tenemos vida propia, opiniones, sentimientos, derechos…, o nos consideran solamente convidados de piedra? ¿Saben que son ellos los que viven en nuestra casa y no al revés?», se preguntaba una vez una madre.

Saben perfectamente que existimos, lo que ocurre es que andan tan centrados en sí mismos que de tanto en tanto hay que recordárselo. Por otra parte, los derechos que nos corresponden no nos los tienen que conceder ellos. Tenemos que tomárnoslos nosotros.

Con sus silencios y sus «no me ralles», construyen una especie de burbuja en la que se aíslan de los adultos y de la que no tienen ningún interés en salir, a no ser que seamos nosotros quienes tiremos de ellos. Los adolescentes son egocéntricos en parte por imperativos naturales y, en parte, por conveniencia. De un lado, están ocupados descubriéndose a sí mismos. De otro, lo que hay fuera lo ven como una amenaza y se protegen mirándose el ombligo, lo cual les viene muy bien, a su vez, para desentenderse de lo que les viene grande.

Somos nosotros quienes tenemos que inducirles a pensar en los otros:

- ¿Cómo se va a sentir tu madre si se lo dejas todo desordenado?

- ¿Cómo podrías echarle una mano a papá?
- ¿Cómo puedes decírselo a tu hermana para que se sienta bien?
- ¿Cómo se sentirán los abuelitos si no vas a visitarlos?
- ¿Qué podrías hacer para que tu amiga/o se sienta mejor?

Apelar a cómo nos podemos sentir y se pueden sentir otras personas ante sus actos, a cómo nos afecta y les afecta lo que hacen, es imprescindible para desarrollar en nuestros hijos la capacidad de tener en cuenta a los otros, de sintonizar y de cooperar con ellos.

Los adolescentes a veces piensan que las normas que les imponemos son para tocarles las narices o que se deben a alguna neura que nos ha dado. Tenemos que hacerles ver que, además de para protegerles, se ponen para regular la convivencia y para que todos nos sintamos lo mejor posible, y esto implica que uno tenga que rebajar su ego y sus pretensiones.

A nuestros dos hijos a veces les decimos que, si se pasan por el forro lo que les decimos y no nos tienen en cuenta, son ellos quienes más van a perder. Van a perder calidad personal y humana. Van a perderse también la satisfacción que uno siente cuando es capaz de cooperar y contribuir. Y pueden quedarse, además, sin determinadas atenciones «extras» que su padre y yo tenemos con ellos.

Un favor y dos, si quieres

Los adolescentes no tienen por qué ser egoístas, a menos que nosotros se lo permitamos. «Cuando los adolescentes están mejor es cuando colaboran y contribuyen», sostienen en su libro Elias, Tobias y Friedlander. Cooperar les hace sentirse parte, les vincula a los otros, les ayuda a desarrollar sus habilidades y competencias, y les reporta reconocimiento y autoestima.

Acudir una vez por semana a casa de sus abuelos a llevarles algo o simplemente a comer con ellos y hacerles compañía un rato, encargarse un poco de sus hermanos pequeños, acompañarnos a la compra y llevar el carro, colaborar en una rifa benéfica, prestar su apoyo en campañas políticas o medioambientales, vender números de lotería para su asociación de escoltas o su equipo de fútbol… Son acciones que les hacen sentir miembros activos de los grupos a los que pertenecen y les hacen sentir bien.

Una vez, mi cuñada pidió a mi sobrino mayor si le podía hacer un favor:

—Y hasta dos si quieres, mamá —le respondió él exquisitamente.

—¿Habéis escuchado lo que le ha respondido vuestro primo a su madre? —les dije a mis hijos con posterioridad—. Es una respuesta de chico mayor —recalqué intencionadamente.

Aunque a veces no lo parezca, les gusta que contemos con ellos y que los necesitemos. Puede que en los primeros compases de la adolescencia o en momentos puntuales de la misma, vayan más a la suya y se hagan los remolones. Pero, si hemos sabido conjugar bien amor y autoridad, a medida que van madurando se van mostrando cada vez más dispuestos a cooperar y más satisfechos de poder hacerlo. Y, además, les gusta que nos demos por enterados, que nos percatemos de su evolución y se la hagamos notar.

La hija de una amiga mía se va cada verano dos semanas a un campo de trabajo. Nuestro hijo hace un par de años que colabora altruistamente con un periódico digital, escribiendo crónicas deportivas. Un amigo suyo participa cada Navidad en una campaña de recogida de juguetes para niños desfavorecidos. Otra amiga es monitora de un grupo de niños en un centro excursionista…

No sólo es importante que, o bien los fines de semana, o bien en los períodos vacacionales, se busquen algún trabajo, adquieran un compromiso y se den cuenta del esfuerzo que requieren ciertas cosas, sino que conviene que además sean capaces de hacer algo por el mero hecho de cooperar y sentirse útiles.

Recientemente, nuestro hijo mayor nos ha sorprendido muy gratamente al realizar por su propia iniciativa acciones como encargarse de servir a los invitados y recoger la mesa, indicándonos expresamente a su padre y a mí que no nos levantemos, o bajarse y colocarse él mismo ropa de abrigo en la cama, sin necesitar ayuda como antes, cuando comienza a refrescar.

Un adulto de confianza cerca

Los padres tenemos que aceptar que haya labores o funciones que otras personas pueden realizar con nuestros hijos de un modo mucho más eficaz que nosotros mismos. A los padres muy absorbentes y controladores les cuesta mucho asumir esto, pero es un acto de humildad y de generosidad por nuestra parte reconocer que no todo lo que concierne a las vidas y la educación de nuestros hijos está en nuestras manos.

Hay temas que a ellos les resultará más cómodo hablar con otras personas y buscar consejo en otras personas y no tenemos que tomarlo como una ofensa o un gesto de desconfianza hacia nosotros. Muchos adolescentes nos comentan que, por ejemplo, a la sexualidad les da bastante reparo hablarlo con sus padres. Es algo que tiene su lógica y hay que respetarlo.

Lo que sí es muy necesario, y esto los padres tenemos que asumirlo y además recomendárselo a nuestros hijos, es que para todas aquellas cuestiones importantes o que les preocupen de verdad puedan contar con algún adulto de confianza que les sepa orientar. Los hermanos mayores (ya adultos) o los hermanos de los padres, sobre todo cuando son menores que ellos, y a veces también sus maestros, pueden desempeñar un papel interesante. Los ven en un eslabón más cercano a ellos y lo que éstos puedan decirles lo reciben y lo interpretan de un modo muy distinto que si se lo dijéramos nosotros.

A menudo les confían ciertas cosas a condición de que no nos lo digan a los padres. En las manos de estas personas está no contar lo que no convenga y contar lo que convenga que sepamos los padres, aunque en estos casos se requiere mucho tacto por parte de todos. Hay cuestiones de las que los padres es preciso que estemos, como mínimo, informados. Sin embargo, no siempre habrá que intervenir. Dependiendo del tema y de las circunstancias, podemos no darnos por enterados y no decir nada, abordarlo indirectamente y sin personalizar cuando se presente una ocasión propicia o tomar cartas en el asunto abiertamente, si reviste determinada gravedad o importancia.

Lo que sí es cierto es que las personas que estén cerca de nuestros hijos les ayudarán mejor si nos respetan y nos tienen en su corazón a los padres, que si se creen mejores y se alían con ellos en contra de nosotros. Cuando hay cariño de verdad, respeto de todos hacia todos y voluntad de entendimiento, es sorprendente cómo, sin necesidad de tratar abiertamente ciertas cuestiones que ellos han confiado a otros adultos, podemos motivar en nuestros hijos cambios de actitudes, e incluso puede ocurrir que lleguen a confesarnos lo que en un principio nos habían ocultado.

¡Qué modernos y enrollados somos!

Si a los hijos tendríamos que enmarcarles sus deberes y colgárselos en su habitación, muchos padres de mi generación tendríamos que enmarcarnos los nuestros, pues quien más quien menos tenemos una serie de reminiscencias hippies que a veces nos hacen perder un poco el norte.

Una madre que asistió a una de mis conferencias me contó que, cuando su hija tenía quince-dieciséis años, se le ocurrió hacerle una confesión de mujer a mujer, que en aquel momento no imaginó que traería cola. Le dijo ni más ni menos que, a sus cuarenta años, se arrepentía de haber estudiado tanto y haber disfrutado tan poco en su juventud, que si pudiera volver atrás estudiaría menos y se divertiría más. La mujer contaba con gracia que su marido y ella se sentían orgullosos de sí mismos: «¡Qué padres más modernos y enrollados somos!», pensaban.

Pero no fue exactamente esto lo que interpretó la hija. ¡Dile a un adolescente que te habría gustado divertirte más y estudiar menos! «No te preocupes mamá —pareció decirle ella—, eso está hecho. A partir de ahora, me voy a divertir por mí y por ti.» Se lo tomó al pie de la letra y se pasó un buen tiempecito divirtiéndose por ambas y estudiando cada vez menos. Tanto fue así, que no tardaron en llegar sus primeros suspensos.

La mujer, que era farmacéutica, me decía que, en vistas de la situación, se arrepentía de lo que le había dicho a su hija y me consultó si me parecía oportuno que le dijera que se había equivocado al decirle aquello y que los estudios eran en realidad muy importantes.

Le aconsejé que tratara de reconducir la situación, pero sin plantearlo exactamente como una equivocación. Le propuse que le dijera más o menos lo siguiente: «¿Recuerdas que hace un tiempo te dije que si volviera atrás me divertiría más y estudiaría menos? Con mi licenciatura en el bolsillo es muy fácil decirlo. He estado reflexionando sobre todo lo que ha aportado a mi vida el estudio y ahora lo veo de otro modo. Soy feliz con mi trabajo en la farmacia y, bien mirado, todo estuvo bien como estuvo».

Cuando cometemos algún error o decimos a nuestros hijos algo que posteriormente se revela inoportuno, casi siempre estamos a tiempo de rectificar. Muchas veces no hace falta que nos desdigamos que lo que dijimos, basta con que les expliquemos que en aquel entonces lo veíamos de una manera y ahora lo vemos de otra. Si bien es cierto que reconocer una equivocación es a veces un gesto necesario y que nos honra, un cambio de parecer puede ser fruto de una evolución personal y no necesariamente tiene que significar que nuestra forma de proceder anterior fuera errónea.

Lealtades insospechadas

Lo que nosotros hicimos o dejamos de hacer en nuestra propia adolescencia a veces puede ser un referente y una ayuda, pero no puede convertirse en el criterio por el que nos rijamos a la hora de educar a nuestros hijos. Ahora nos hallamos en el otro lado, en el de los padres, y nuestra misión es ofrecerles un norte y marcarles unas pautas, como hicieron con nosotros nuestros padres. No se trata de permitirles algo simplemente porque nosotros también lo hicimos o de prohibírselo porque nunca lo hicimos. Y mucho menos de permitírselo porque a nosotros no nos lo permitieron. Un error de muchos padres de hoy es que les ponemos fácil o les damos hechas a los hijos muchas cosas que nosotros tuvimos que procurarnos con nuestro propio ingenio o esfuerzo.

Lo que hicieron o dejaron de hacer nuestros padres con nosotros puede servirnos de guía si lo sabemos adecuar al contexto actual. Los tiempos son otros y puede que algo que fuera válido para nuestra generación no lo sea ahora, aunque, como ya dijimos, los grandes temas de la vida y los asuntos del alma son eternos.

Algo bastante habitual es que los padres proyectemos nuestras frustraciones y expectativas personales no satisfechas en nuestros hijos y les presionemos de algún modo para que las alcancen ellos. Se puede decir que tratamos de tener a través de ellos la vida que no hemos tenido, y esto llega hasta el extremo de que hay padres que se enojan soberanamente o incluso cortan la relación con sus hijos porque éstos no han hecho lo que ellos querían.

Lo que no sabemos la mayoría de padres es que, lo pretendamos o no, los hijos perciben nuestros sueños, deseos y sentimientos profundos y, en alguna medida, los heredan y los hacen suyos. Es algo que no tiene que ver con la imposición de los padres hacia los hijos, sino, como dice Hellinger, con la lealtad de los hijos hacia los padres. Los hijos captan las carencias, las necesidades y las emociones de fondo que hay en su sistema familiar y tratan de compensarlas o bien de reproducirlas.

A veces pensamos que hemos escogido la profesión y la vida que llevamos por propia iniciativa, y, cuando investigamos a fondo la historia familiar, es fácil descubrir que hicimos lo que papá o mamá desearon silenciosamente, lo que alguno de nuestros abuelos o abuelas soñaron, o tal vez lo que convenía para reequilibrar algún desajuste familiar de fondo.

No hace falta que les condicionemos adrede. Aunque a menudo sean insospechadas o pasen inadvertidas, las lealtades familiares se ponen en marcha por sí solas. Queramos o no, les pasamos el testigo y, de una forma u otra, cumplirán alguno de nuestros sueños. Ojalá puedan hacerlo a su manera y consigan ampliar y mejorar lo que les hemos dado.

Las niñas, de la madre; los niños, del padre

Como ya avancé en la introducción, por el hecho de tener dos hijos varones, todas mis vivencias como madre de adolescentes hacen referencia al género masculino, aunque a lo largo de estas páginas vaya contando también algunas experiencias que conozco relativas a chicas.

No entra dentro de los objetivos que me propongo, centrarme en las diferencias que a veces se producen en cuanto a género, que hay algunas, sino más bien en actitudes propias de la adolescencia en general y, sobre todo, en las actitudes óptimas de los padres y las madres.

Pero hay una cuestión a la que sí quiero referirme y es a aquello que se suele decir de que las niñas son del padre y los niños de la madre. Parece ser que lo deseable es todo lo contrario: que las niñas sean de la madre y los niños del padre.

Tanto Bert Hellinger, como Marianne Franke-Gircksch, la propia Angélica Olvera y otros muchos especialistas sostienen que las niñas se hacen mujeres teniendo por modelo a la madre y los niños se hacen hombres teniendo por modelo al padre. Para ello no hace falta que éstos estén físicamente ni haberlos conocido. Además, las niñas aprenden a relacionarse con lo masculino a través del padre y los niños con lo femenino a través de la madre, y la forma en que las primeras se relacionen con el padre y los segundos con la madre va a influir decisivamente en el tipo de relaciones que unas y otros establecerán con el otro sexo.

Cuando es al revés, cuando las madres tienen debilidad por los hijos y los padres por las hijas, puede que lo que ocurra es que la madre intente compensar, suplir o completar con el hijo las carencias que ve en el padre y éste con la hija las que ve en la madre.

La adolescencia implica, entre muchas otras cosas, que los padres nos preparemos para dejar marchar a los hijos. Es el momento de empezar a abandonar el nido y seguir su propio impulso vital. Que los padres sepan dejar marchar a las hijas y las madres a los hijos es a menudo más difícil que las madres suelten a las hijas y los padres a los hijos. De no conseguirlo, nos encontramos con los típicos hijos de mamá o hijas de papá, cuyas dificultades para mantener una relación de pareja satisfactoria pueden ser grandes.

La mejor pareja, dice Hellinger, es la de la hija de la madre con el hijo del padre, es decir, la de la hija que tiene como referente a la madre con el hijo que tiene como referente al padre, lógicamente cuando ambos se corresponden con modelos maduros y equilibrados. Y desde luego, ambos deben incorporar lo complementario del otro modelo. Todo esto es aplicable incluso a familias monoparentales, pues siempre se puede reconocer de algún modo a la otra figura o modelo ausente.

▎Tienes tres opciones ▎

En cuanto a los estudios se refiere, los hijos también son normalmente leales a los padres. Una amiga mía está disgustada porque su hija no estudia y no le está yendo bien la carrera. Han hablado montones de veces con ella y le han hecho ver lo importante que es sacarse el título, pero ella dice que no le gusta estudiar. «¿Cómo va a querer estudiar una carrera? –le digo yo–. Ha visto que su padre y tú habéis salido adelante en la vida sin necesidad de ir a la universidad y está siguiendo vuestros pasos.» La chiquilla no se está sacando la carrera, pero siempre ha mostrado gran interés por trabajar, y desde los dieciséis años ha estado trabajando los fines de semana y en vacaciones, sin importarle el horario y el turno. Es trabajadora y responsable como sus padres.

Nuestros dos hijos han crecido en un ambiente donde el estudio es valorado y tiene un peso importante. Su padre y yo tenemos una licenciatura universitaria y ellos dos, hasta el momento, han ido sacando buenas notas, salvo en una ocasión puntual que posteriormente comentaré.

Sin embargo, aunque nosotros tengamos carrera, ambos coincidimos en que ésta por sí sola no garantiza que tengas trabajo ni mucho menos que seas una persona equilibrada, sociable y feliz, por lo que en ningún momento les hemos presionado para que ellos también vayan a la universidad.

Lo que sí les hemos dicho muy claramente es que tienen tres opciones: «Trabajar, trabajar o trabajar».

Pueden escoger entre trabajar sin estar especialmente cualificados, recién acabada la escolaridad obligatoria; trabajar después de haber cursado algún ciclo formativo y haber recibido, por tanto, una formación profesional específica; o trabajar después de terminar unos estudios superiores o licenciatura universitaria.

Cada una de las tres opciones anteriores tiene unas ventajas e inconvenientes, pero en cualquier caso van a tener que trabajar, no sólo para ganarse la vida y satisfacer una serie de necesidades, sino también para ofrecer y aportar algo a su entorno, y sentirse realizados entre lo que por un lado reciban y lo que por otro puedan dar.

Ofrecerles unas directrices claras e inequívocas –trabajar, trabajar o trabajar–, con un pequeño margen de elección, les sitúa sobre la realidad y puede resultar muy efectivo, sobre todo si insistimos en ello y lo repetimos estratégicamente en ciertos momentos clave.

Moto no rima con suspenso

Hacia finales de primero de bachillerato, nuestro hijo mayor nos pidió un ciclomotor para desplazarse con más comodidad por Barcelona. Su padre y yo le dijimos que esperara hasta Reyes del año próximo, momento en que ya tendría casi la mayoría de edad, y que entonces se lo regalaríamos.

Cuando comenzó segundo de bachillerato, durante los primeros meses estuvo bastante descentrado y nos preocupaba que su rendimiento pudiera resentirse y experimentar un notable descenso. Pero él nos pidió un voto de confianza hasta que llegaran las notas y nosotros decidimos dárselo. Cuando en el mes de diciembre nos trajo el primer informe de evaluación, no fue tan catastrófico como nos temíamos, pero había suspendido filosofía y él mismo reconoció que no había estudiado lo suficiente.

Hay que decir que filosofía no es sólo una de las materias comunes en selectividad, sino que además para poder presentarse a selectividad en junio tenía que aprobarlo todo. Pero todo esto, aun siendo importante, era lo de menos. Lo de más era que no nos pareció oportuno regalarle la moto precisamente en el momento en que nos traía un suspenso, que era consecuencia directa de no haber estudiado y trabajado como correspondía.

Adolescentes. «Qué maravilla»

El enfado que cogió cuando se lo dijimos fue grande. Pasamos unos días bastante tensos y, como es lógico, trató de presionarnos con varios argumentos para ver si cambiábamos de opinión y nos echábamos atrás. Su padre y yo no dimos nuestro brazo a torcer, a pesar de que en algún momento nos plateamos si un suspenso tenía realmente tanta importancia y si no estábamos sacando un poco las cosas de quicio. Una especie de sexto sentido nos decía que teníamos que mantenernos inflexibles. Si él veía que ahí estábamos nosotros, extendiendo «cheques» y satisfaciendo sus caprichos, independientemente de si cumplía o no con sus obligaciones, estábamos perdidos.

Nos llegó a decir que nosotros no habíamos utilizado nunca bienes materiales como premio o castigo y que por qué en aquella ocasión sí. Le explicamos que en realidad no era un castigo, que era una cuestión de principios. No podía ser que el regalo más costoso de todos los que le habíamos hecho hasta el momento se lo diéramos precisamente coincidiendo con un suspenso. Se trataba solamente de esperar un poco. Si en el próximo trimestre recuperaba filosofía y lo traía todo aprobado con un buen promedio, tendría el ciclomotor. El próximo trimestre suponía esperar apenas dos meses, pero a él le parecía una eternidad que, no obstante, tuvo que esperar.

Lo que tampoco hicimos fue dejarle sin regalo de Reyes. Tuvo otros regalos más normales y sencillos, para que viera que realmente no se trataba de un castigo y que le queríamos igual. Simplemente, moto no rimaba con suspenso.

«Me alegro de que seas inteligente»

Enero y febrero de aquel año (los dos meses de espera hasta la siguiente evaluación) fueron bastante duros. Casi todos los días que mi hijo llegaba del colegio y yo estaba en casa, me sentaba con él mientras merendaba y le preguntaba por los deberes o las tareas que tenía que hacer aquel día y por cómo lo llevaba.

Era algo que prácticamente no había tenido que hacer con él de pequeño y me resultaba un poco pesado. Desde que empezaron primaria les había dejado muy claro que yo ya hice mis deberes cuando me correspondía y que, si bien en algún momento puntual podía echarles una mano, no iba a hacer los suyos ni a estar detrás de ellos todo el tiempo.

Pero en aquel momento me pareció que valía la pena dedicarle un tiempo y una atención extra y le daba la vara día tras día. Supongo que las tardes que tenía cursos o conferencias, y no estaba en casa cuando él llegaba, debía de respirar tranquilo.

Una tarde llegó cruzado y nos enganchamos. Me quejé de que hacía unos días que no cumplía con las tareas domésticas que tenía encomendadas y completamente irritado y furioso me dijo:

—Estoy muy molesto y muy enrabiado con vosotros por lo de la moto. Por un suspenso no había para tanto. Es el segundo de toda mi vida y me había hecho el propósito de recuperarlo, pero con todo lo que me estáis rallando no tengo ningunas ganas de estudiar y voy a suspender otra vez por vuestra culpa –dijo haciéndose un poco la víctima.

–Si te propones hacerme sentir culpable lo tienes mal –le dije muy tranquila y sin morder el anzuelo–. El trimestre pasado no te rallamos nada y tampoco aprobaste. Lo que sí admito es que te dé rabia y que estés irritado con nosotros.

–Me da tanta rabia –ratificó él–, que si no fuera porque sé que me fastidiaría a mí mismo, suspendería otra vez sólo para fastidiaros a papá y a ti.

–Me alegro de que seas inteligente y no cometas ese error. Mejor que tu rabia no te ofusque. Por otro lado, espero que tarde o temprano remita y lo veas diferente. Vivir permanentemente irritado con tus padres es bastante desagradable. Uno se siente mejor cuando el cariño y la gratitud regresan a su corazón.

–Déjame solo y no me digas nada más –me dijo todavía irritado antes de irse a su habitación.

–De acuerdo –le dije.

Un rato más tarde, vino a hablarme de otro tema con toda normalidad.

Reconocerlo, mejor que negarlo

Cuando somos capaces de reconocer y expresar de un modo breve y oportuno lo que sentimos, ya sea rabia, tristeza, dolor, preocupación, frustración, impotencia, miedo, alegría, ternura…, de repente todo se aclara y es más fácil resolver los problemas que puedan surgir. Tener que acallar o esconder lo que sentimos no sólo dificulta que podamos comprendernos, sino que también nos causa gran desgaste de energía.

La expresión de las emociones es liberadora por sí misma. El simple hecho de expresar una emoción hace que la tensión, el malestar y la posible carga negativa que ésta pueda conllevar se diluya de una manera natural.

Muchos chicos y chicas adolescentes, igual que muchos adultos (en el fondo los adolescentes y los jóvenes no dejan de ser, como dice Jaume Funes, un aguafuerte con trazos gruesos de la sociedad adulta), por no rallarse prefieren no hablar de lo que sienten y les preocupa. Creen, equivocadamente, que lo que no se habla es como si no existiera y que así pueden eliminar de sus mentes y de sus vidas todo aquello que no es de su agrado o que les incomoda. A veces van de sobrados, como si pudieran con cualquier cosa, como hacemos los adultos, cuando en realidad determinadas situaciones les abruman y les sobrepasan.

Los padres deberíamos ser un referente de madurez emocional para ellos. Esto no significa que alguna vez no podamos perder los nervios. Todos pasamos por etapas o momentos en que nos alteramos con más facilidad y estamos menos acertados, y eso es humano, comprensible e inevitable. Pero, en general, tenemos que ser capaces de contener nuestros propios sentimientos y los suyos, y hacerles ver que todo aquello que no dicen o no hablan, pero sienten con intensidad, acaba saliendo casi siempre por la puerta de atrás y de mala manera.

Los sentimientos no expresados nos manejan como títeres sin que nos demos apenas cuenta y acaban provocando reacciones extrañas o desmesuradas en nosotros. Somos esclavos de todo aquello que no podemos mirar de frente y que no podemos nombrar. Cuando no decimos lo que realmente nos preocupa, acabamos discutiendo con el primero que se nos pone delante o con las personas que más queremos y nos quieren, puesto que sabemos que con ellas el vínculo no peligra, para poder soltar de este modo la tensión que nos tiene atenazados.

Tenemos que explicar a los adolescentes que, cuando no expresan algo para no rallarse, terminan rallándonos a nosotros o al primero que pillan y que ésta no es una forma saludable y gozosa de vivir y relacionarse.

Callar a tiempo

Que nuestros hijos aprendan a reconocer lo que sienten es necesario para que puedan hacerse cargo de ello y no nos lo echen encima ni adopten actitudes victimistas. Pero tienen que aprender a expresarlo oportunamente y a callar a tiempo cuando sea preciso. Propiciar que reconozcan y expresen sus sentimientos, no tiene que confundirse con permitir que nos digan cualquier cosa que les venga en gana o que nos falten al respeto.

También los padres tenemos que ser capaces de contenernos y callar a tiempo. Como acabo de señalar, tenemos que ser un referente para ellos y poder estar frente a su enojo, su dolor y su malestar sin dramatizar, sin sacar las cosas de quicio y, sobre todo, manteniendo una presencia amorosa. Esto no quiere decir que no podamos enfadarnos también nosotros y decir alguna palabra más alta que otra, e incluso perder los papeles en alguna ocasión puntual, pero hay que tener cuidado de que no sea la tónica habitual. Si los perdemos sistemáticamente, acabaremos perdiendo la autoridad y se resentirán la confianza y el cariño.

Mantener una presencia amorosa por muy enfadados que estemos quiere decir, como señalábamos al principio, dejar bien patente que somos mayores que ellos en edad y en madurez y que renunciamos, por tanto, a ejercer la crueldad o el menosprecio. Que conservamos, a pesar del enfado, cierto control sobre nuestros actos, control que es propio del amor maduro y que nos permite enfadarnos sin perder la propia dignidad ni atacar la de nuestros hijos.

Cuando sabemos contenernos nosotros, somos capaces de contenerles a ellos y de decirles, llegado el momento: «Punto en boca». Recordemos que conviene decir las palabras justas. Hablar más de la cuenta conlleva a menudo no sólo que nos enredemos más, sino también que la situación se desborde y rebasemos nuestros límites y los suyos. De hecho, cuando los padres decimos: «He tenido que contenerme», es que hemos sido capaces de hablar lo justo y no decir lo que no habría sido oportuno en aquel momento.

Sé que es más fácil decirlo que hacerlo. En lo que a emociones se refiere, nos movemos entre dos extremos. Preferimos callar y no menearlo, o bien ponemos la directa y soltamos lo que sea sin ningún tipo de contemplaciones. Tenemos que reconocer varias cosas: que no sabemos manejarnos bien porque no hemos aprendido a hacerlo, que es necesario que aprendamos, que seguro que nos vamos a equivocar, pero que sabremos reconducirlo, y que con paciencia y perseverancia lograremos manejarnos mucho mejor.

Hay un pequeño secreto y es que si logramos reconocer y tomar lo que nuestros padres nos dieron y dejar de cuestionarles, a pesar de todos los pesares, lo tenemos más fácil para autocontenernos ante nuestros hijos.

Todo, menos tomarnos el pelo

Cuando los hijos no quieren estudiar, o no se les da bien hacerlo, no es ninguna desgracia. Asociamos malos resultados en los estudios a fracaso en la vida, cuando está demostrado que no es así. Todos conocemos a personas con una mente brillante y un montón de títulos académicos cuya vida personal es un desastre, y personas que iban fatal en los estudios, que, sin embargo, poseen buenas habilidades interpersonales y han salido adelante en la vida.

Una amiga de nuestro hijo ha suspendido la selectividad. Los padres están desolados. El porcentaje de alumnos que suspendieron es del 10 % y es normal que se hayan llevado un disgusto. Pero, ¿quién puede asegurar que este hecho la marcará negativamente? Sucesos que en el momento que ocurren suponen un drama, con la perspectiva del tiempo pueden llegar a verse incluso como algo positivo. Se trata de una muchacha espabilada, sociable y con un magnífico fondo, y en sus manos está aprovechar la adversidad para madurar y reorientar su futuro o permitir que esto le hunda y acabe con su confianza.

Durante la época que le dio por estudiar poco, nuestro hijo apenas alcanzaba el promedio que necesitaba para la carrera que quería cursar y todavía le faltaba hacer la selectividad, que habitualmente rebaja en un punto el promedio de bachillerato. Le habíamos hecho todas las reflexiones posibles. Le habíamos dicho por activa y por pasiva lo crucial que era aquel curso —segundo de bachillerato—, lo mucho que se jugaba y lo importante que era que pusiera todo de su parte para lograr la nota requerida y poder entrar en la carrera que deseaba. Si no lo conseguía no se acababa el mundo, pero valía la pena que al menos lo intentara y que si no lo lograba no fuera por desidia. Nos escuchaba, pero no acababa de reaccionar, y llegó un momento en que nos cansamos de estar todo el tiempo detrás de él con la misma canción, por lo que su padre se plantó y le dijo: «No vamos a insistir más en que estudies. No somos nosotros los que tenemos interés en esa carrera. Estás en un año en que se deciden cosas importantes en tu vida, pero tú mismo. Ya eres mayor. Si quieres estudiar, perfecto, y si quieres ponerte a trabajar, también perfecto. Lo único que no te vamos a consentir es que nos tomes el pelo. Ten por seguro que no vas a vivir del cuento mientras tu madre y yo nos levantamos cada día para ir a trabajar».

Aquello supuso un buen revulsivo. En apenas unos meses subió el promedio, obtuvo una buena nota en selectividad y fue admitido en la carrera que quería.

Los hijos necesitan que nos interesemos por ellos, pero no es bueno que vean que nos importan demasiado y que todo gira alrededor de ellos. Llega un momento en que los padres tenemos que comenzar a soltar el control para que sean ellos los que vayan tomando las riendas de su propia vida.

Máster del universo

Un publicista con el que estuve hablando hace poco se quejaba de un problema que se están encontrando con muchos jóvenes actuales.

Salen de las universidades con su flamante título en el bolsillo y llegan a las empresas como si fueran un «máster del universo». Lejos de adoptar una actitud humilde y una disposición de aprender, cuestionan lo que hacen quienes llevan años en el ejercicio de la profesión y pretenden enseñar cómo hay que hacer las cosas a expertos y especialistas con una larga trayectoria tras de sí.

Este publicista me decía que no se dejaba impresionar por los currículum, los máster, los posgrados y los doctorados, y que lo que más valora es que llegue alguien y le diga: «Por trabajar aquí y aprender, si hace falta paso la escoba».

Todos sabemos que de las universidades se sale con conocimientos, pero no con profesión. Ésta se adquiere con la experiencia que van dando los años, y también ayuda mucho poder pasar por varios niveles y categorías de trabajo. De hecho, a menudo se dice que la verdadera carrera comienza cuando se termina la carrera. Pero el nivel de bienestar y las expectativas de futuro han ido creciendo hasta tal punto en nuestra sociedad, que todo aquello que para nuestra generación representaba la máxima aspiración y constituían metas a medio o largo plazo, los jóvenes de hoy se lo plantean ya como punto de partida y aspiración inmediata.

Conocemos varios casos de estudiantes brillantes que no están trabajando por la sencilla razón de que no están dispuestos a empezar por abajo. Quieren un sueldazo y un horario privilegiado de entrada y, si no lo consiguen, aguantan cuatro días o se quedan en casa y que los sigan manteniendo papá y mamá:

—Pobre, con todo lo que ha estudiado y lo que sabe, y no encuentra nada que esté a su altura —me decía un día una madre.

—Pues que se agache un poquito, se arremangue y haga otra cosa —me dieron ganas de decirle.

El padre de un amigo de nuestro hijo es empresario y cada verano pone a su hijo a trabajar en su empresa, pero no en las oficinas con él, sino en el almacén descargando camiones.

Nuestro hijo mayor también ha trabajado los veranos y algunos fines de semana desde los dieciséis años. De momento, tiene bastante claro que cuando termine la carrera va a tener que ponerse a trabajar de lo que sea. Si puede ser de lo que ha estudiado, perfecto y, si no, de otra cosa. Su padre y yo no vamos a mantenerlo toda la vida.

Vida sólo tiene una

Cuando comienzan a ir en moto y/o en coche, aunque parezca de Perogrullo y a ellos no les guste nada hablar de estos temas, hay que recordarles que vida sólo tienen una, que esto no es como en la Play o en los videojuegos, en los que si te matan tienes más vidas y puedes volver a comenzar la partida.

Una condición *sine qua non* para que los padres permitamos a los hijos conducir una moto o un coche, una vez se hayan sacado los correspondientes carnés, es que nos demuestren con su comportamiento y sus actitudes cotidianas que están capacitados y en condiciones de hacerlo. Si no son lo suficientemente responsables y no están centrados, no es recomendable comprarles una moto o pagarles el carné de conducir. No es algo que haya que hacer necesariamente cuando alcanzan la edad legal, como se suele hacer casi por inercia en muchas familias. Como tantas otras cosas, está en función no sólo de la edad, sino también de la madurez.

En esta cuestión, los padres tenemos que ser especialmente tajantes. Las motos y los coches no son juguetes, son máquinas que deberían manejar solamente personas adultas que se encuentren en un buen estado físico y anímico. De no ser así, suponen un grave peligro para sí mismos y para otras personas y tenemos que decírselo abiertamente y sin tapujos, aunque, como decía, ellos pongan cara de saberlo ya todo y de no querer que les mareemos, ni siquiera con algo tan importante.

Una buena amiga le dio a leer una vez a su hija mayor, de diecinueve años, un reportaje que venía en el periódico, sobre un chico que padecía tetraplejia a raíz de un accidente de coche. El chico contaba lo duro que estaba siendo para él acostumbrarse a ver cada mañana cuando se despertaba la silla de ruedas al lado de su cama y pensar que iba a acompañarle para el resto de su vida. Era un artículo rebosante de humanidad y de sentimientos profundos, que, sin recrearse en el drama, mostraba una de las caras amargas de la vida, y por eso mi amiga se lo quiso mostrar a su hija. A la chiquilla le bastó leer el titular para hacer una mueca de rechazo y decirle a la madre: «¡Ay, mamá, qué trágica eres!».

Cuando tratamos de hacerlos conscientes de determinados peligros, es bastante habitual que muestren rechazo y nos respondan que no seamos cenizos, pero no por ello debemos dejar de decírselo ni renunciar a nuestra labor de sensibilización, por más que a veces fuera lo más cómodo. Los padres tenemos que tener agallas para nombrar lo innombrable, igual que tenemos que saber necesariamente por dónde andan nuestros hijos y con quién. Es otra más de esas cuestiones que tienen el calificativo de innegociables.

En mi caso les digo también que pidan protección a su ángel de la guarda y a sus dos abuelos, que han muerto, pero que igualmente tienen que estar atentos y ser prudentes, y lo que está en sus manos hacerlo ellos.

La primera vez en mi vida que tengo un hijo adolescente

Anteriormente aludía a la urgencia y las prisas que tienen los y las adolescentes para casi todo, especialmente cuando quieren permiso para algo y dependen de nuestra respuesta. Dicha respuesta tiene que ser inmediata y, además, afirmativa. De lo contrario puede representar poco menos que una tragedia.

Algo que me maravilla es lo bien que se las ingenian, cuando les interesa, para causar en nosotros una disposición favorable a lo que ellos desean. Es impresionante la facilidad con que muchos padres acabamos diciendo «sí», aun queriendo decir «no». Saben pillarnos en el momento preciso en que más fuera de juego estamos y nos cuelan unos goles de campeonato. La mayoría de las veces, cuando los padres nos damos cuenta, ellos, o bien ya se han esfumado o bien ya han conseguido lo que querían, de manera que cualquiera va y se desdice de lo dicho.

Cuando me di cuenta que lo de los goles en el último minuto era algo que se repetía con cierta frecuencia, pensé que tenía que hacer algo para remediarlo.

Para evitar la urgencia y la inmediatez, y tener tiempo de reflexionar y meditar ciertas cosas con un poco de calma, comencé a decirle que era la primera vez en mi vida que tenía un hijo adolescente y que no tenía ni idea de si tenía que decirle «sí» o «no», pues nunca hasta entonces se me había planteado una situación como aquélla.

Evidentemente a él no le gustaba nada que me demorara, pero yo le decía que la calma lo mismo podía perjudicarle que beneficiarle. Si me veía obligada a darle una respuesta precipitadamente podía ocurrir que le dijera que «sí» cuando en realidad tendría que haberle dicho que «no», pero también podía ocurrir lo contrario, que de entrada le dijera que «no» cuando, si lo hubiera pensado mejor, hubiera podido decirle que «sí».

Por otra parte, tanto nosotros como ellos, tenemos que asumir que alguna que otra vez les denegaremos un permiso que luego nos daremos cuenta que podríamos haberles dado y viceversa. En el primer caso, hay que decirles que cuando nos demos cuenta ya rectificaremos y, en el segundo, cuando les damos un permiso que por alguna razón luego vemos que no tendríamos que haberles concedido, es bueno decirles que nos precipitamos o que pusimos en ellos una confianza mayor de lo que por su edad y madurez podemos otorgarles.

Disimula, mula

Una buena amiga cuyos hijos son mayores que los míos, me dio en una ocasión un buen consejo que he tenido siempre muy presente y he procurado seguir. Me avanzó que cuando mis hijos entraran en la adolescencia, por muy buenos chavales que fueran, iba a tener motivos de sobras para enfadarme con ellos casi todos los días, pero me recomendó que, en la medida de lo posible, no lo hiciera. Que, aunque estuviera al borde mismo de un ataque de nervios, pusiera buena cara y disimulara. Y si se trataba de algún asunto importante o de algún comportamiento que no quería tolerar de ningún modo, lo retomara y lo hablara con ellos en otro momento, cuando me hubiera calmado y hubiera podido reflexionar y pensar exactamente qué iba a decirles y cómo.

Ciertamente, cuando algo nos saca de quicio y lo que hacemos es montar en cólera, lo interpretan como una salida de tono nuestra que para nada va con ellos, y lo que les decimos no tiene ningún efecto. Puede ocurrir, además, que utilicen aquello que han visto que nos disgusta cuando tengan ganas de provocarnos y discutir con nosotros o simplemente de llamar nuestra atención.

Hay una serie de cosas que, en algún momento u otro, los adolescentes van a hacer a ciencia cierta:

- Mandarnos a paseo por decirles poco más que «buenos días».
- Sumirse, de tanto en tanto, en una especie de estado catatónico o vegetativo.
- Creerse que somos sus asistentes y que estamos 24 horas a su servicio.
- Poner la música para todo el vecindario.
- Vestirse y/o peinarse como si les hubiera aconsejado su peor enemigo.
- Tomar posesión del sofá, la televisión y la nevera, a veces con sus encantadores amigos/as.
- Dejar sus vestigios y «recuerdos» por toda la casa.
- Depositar su ropa en cualquier parte, incluido el suelo, menos en el armario o en el cesto de la ropa sucia.
- Hablar unas veinte veces por teléfono en apenas un par de horas.
- No apagar las luces bajo ninguna circunstancia, como si tuvieran acciones de la compañía eléctrica.
- Entrar y salir de casa constantemente.
- Ducharse y/o arreglarse indefinidamente o no ducharse en varios días…

La mayoría de estos comportamientos se corresponden con el perfil de un/a adolescente bastante normalito/a y en nuestras manos está decidir cuáles vamos a tolerar y cuáles no. Pero lo importante es no hacerlo dejándonos llevar por el estado de ánimo de cada momento y perdiendo los nervios, sino después de haberlo pensado y sopesado con calma.

Cuestiones «peliagudas»

Un verano, nuestro hijo mayor, de piel morena y cabello negro intenso, nos dijo que quería tintarse el pelo de rubio. Tenía por aquel entonces quince años. Antes de que fuera a darme un pasmo, me acordé de los sabios consejos de mi amiga y le dije: «Al ser tu color natural tan oscuro, cambiarte de sopetón a rubio puede que te resulte demasiado impactante y no te guste. ¿Por qué no pruebas a hacerte primero unas mechas y si te gusta entonces te lo tintas entero?».

Conseguí no perder los nervios e intenté centrarme en el impacto que pudiera provocarle a él mismo. Quizás porque esperaba que me alarmara y no me alarmé y quizás también porque la adolescencia es compatible con la sensatez —al menos a ratos—, aceptó mi propuesta.

Se tiñó de rubio solamente unos cuantos pelos de la parte superior de la cabeza y ya no llegó a teñírselo todo. Es más, dijo que de esta forma cuando regresara al colegio en septiembre ya no le quedaría apenas rastro de las mechas y su aspecto volvería a ser el de siempre. Estaba claro que lo que necesitaba y deseaba era probar y experimentar, tanto consigo mismo como con su padre y conmigo, y que, al menos por aquella vez, se dio por satisfecho.

Ilusa de mí, pensé que con esto habría superado con nota la cuota de susto que me correspondía con él por el tema «pelos», pero no fue así. Al cabo de un par de años, ya con los diecisiete cumplidos, comenzó a ensayar peinados y cortes de pelo cada vez más atrevidos, hasta que un día, sin previo aviso, apareció por casa con ciertas zonas de su linda cabecita prácticamente rapadas al cero. La explicación que nos dio es que se lo había cortado un amigo y había sido un fallo de la maquinita…

La calidad humana de una persona no se mide por cómo lleve el pelo. Hay bellísimas personas con extravagantes o estrafalarios peinados. Lo mismo podemos decir de la forma de vestirnos y de cualquier otro elemento que tenga que ver con el aspecto físico. Pero esto que para algunos es bastante obvio, no lo es para todo el mundo. Recuerdo que en aquella época, algunas personas conocidas me decían con cierto retintín: «He visto a tu hijo y está muy cambiado… ¡Qué cambiado está!». No entraban en más detalles, pero se sobreentendía a qué se referían. A mí me sabía un poco mal y me daban ganas de decirles: «Ojalá el tuyo te salga tan noble de corazón…».

Coincido, no obstante, con Marta Albaladejo, en que nuestra apariencia física comunica y no podemos evitar que los otros se formen una opinión de nosotros a partir de nuestro aspecto, aunque dicha opinión sea a veces equivocada. Personalmente, considero la imagen nuestra primera carta de presentación y consideré que tenía que decírselo.

Nos guste o no, la imagen cuenta

Algo aparentemente tan poco trascendente como un cambio radical de peinado puede suscitar a veces una tempestad. Los padres tenemos también muchas dudas y temores profundos en relación a la adolescencia de nuestros hijos. Representa una especie de examen para nosotros y, quizás por ello, cuando hacen algo que se sale completamente de la norma y rompe con lo establecido, temernos que todo cuanto les hemos enseñado, y que responde a una tradición y un estilo familiar que sentimos muy nuestro, estalle también en pedazos.

En el fondo, lo vivimos como una traición a las normas de nuestro grupo y una invalidación, por tanto, del grupo familiar como marco de referencia. Y dada la efervescencia del momento, lo interpretamos como una provocación mayúscula, cuando no siempre es así. Puede que lo hagan simplemente para provocarnos, pero lo más probable es que lo hagan para comenzar a desvincularse de un modo visible del pequeño y por siempre añorado universo que han habitado hasta ese momento y ampliar sus fronteras más allá del marco familiar, dado que ineludiblemente van a tener que salir de él.

Tengo que reconocer que cuando le vimos aparecer con aquel aspecto, nos costó interpretarlo como una necesidad legítima y natural de abandonar su pequeño mundo para entrar en otro más amplio. Con todo, su padre y yo procuramos hablarle con tacto de lo que para nosotros representaba la propia imagen. Lo primero y más importante que le dijimos es que le queríamos igual con melenas o rapado y que para nosotros seguía siendo la misma persona y teniendo las mismas cualidades llevara el pelo como lo llevara y se vistiera como se vistiera.

Comentamos también lo injusto que era que hubiera tantos prejuicios y que se etiquetara a las personas por su imagen, pero que era un hecho innegable que, en ciertos contextos y en ciertos momentos de la vida, la propia imagen era clave para ser mejor recibido en determinados lugares y, por supuesto, para aspirar a determinados trabajos o desempeñar determinadas funciones.

Finalmente le dijimos que, a nuestro entender, lo principal es que la propia imagen esté acorde con lo que uno es y representa. Le aconsejamos que, además de si se gustaba y se encontraba cómodo o no, en adelante se preguntara si con su aspecto transmitía lo que quería transmitir de sí mismo y si éste estaba en consonancia con los ámbitos o contextos en que se movía.

Poco a poco ha ido adoptando un estilo más propio y más discreto. Hace unos meses fue a una entrevista de trabajo para el verano y a la vuelta nos dijo: «Teníais razón en lo que me dijisteis de la imagen. He podido comprobar cómo se fijan en ella cuando vas a buscar trabajo».

Y es que nada cae en saco roto.

Ya sé que eres adolescente, pero... ¡tirandito para adulta, sin entretenerte!

Los adolescentes se pasan la adolescencia probando constantemente sus fuerzas y sus límites, a la vez que van jugando a su conveniencia con las distintas posibilidades que tienen. Así, cuando les interesa eludir determinadas responsabilidades se escudan en que son pequeños todavía, y cuando quieren libertad para hacer lo que les plazca, entonces aducen que ya son mayores.

De alguna manera, ellos mismos son conscientes de que están en un *impasse*, en una especie de tierra de nadie entre la niñez y la edad adulta, y en mayor o menor medida se aprovechan de ello. Ni son pequeños ni son mayores y saben que se les permite tontear un tiempo. A algunos se les permite que lo hagan indefinidamente y ése es uno de los problemas que tenemos actualmente.

Hoy en día, además, se habla mucho de los adolescentes, son noticia a menudo, salen en los medios con frecuencia y se les da mayor protagonismo que en nuestra época. La imagen que generalmente se da de ellos es que causan muchos problemas y nos llevan de cabeza a los adultos.

La publicidad, por su parte, separa cada vez más claramente los sectores de mercado a los que se dirige, y explota a fondo la necesidad de los adolescentes de diferenciarse y los induce una serie de actitudes y conductas que los sitúan en un plano de confrontación y hasta de superioridad frente a los adultos. Incluso empieza a haber anuncios que, haciéndose eco del desorden que reina en muchos hogares, los presentan más sensatos y más maduros que sus propios padres. Todo esto les hace sentirse importantes y les confiere un plus de poder, al que algunos consiguen sacarle un extraordinario partido.

Una madre que asistió a una de mis charlas me contó que su hija adolescente, cada vez que le reñía o le llamaba la atención, se excusaba diciendo: «Soy adolescente, mamá, compréndeme».

Y, según parece, se quedaba tan ancha.

Con los adolescentes en general y con los que toman este tipo de actitudes en particular, los padres hemos de tener muy claro que la adolescencia puede ser un motivo y una causa que explique determinadas conductas y reacciones, pero nunca deberíamos consentir que justifique según qué otras. De ninguna manera puede convertirse en una estación de «vacaciones» ni en una excusa o coartada para eludir responsabilidades.

Llegado el caso, es mejor que les digamos con todas las letras: «Sí, ya sé que eres adolescente, pero… ¡Tirandito para adulta y sin entretenerte por el camino!».

Sexo, drogas & rock 'n' roll

De entre los temas que más nos preocupan a los padres en la adolescencia (malas compañías, violencia, depresión, suicidio, accidentes, anorexia, bulimia, sexo, drogas, etc.), el sexo y las drogas se destacan por encima de los demás y, en cierta forma, siguen siendo tabú. Hay muy buenos libros sobre todos ellos y no entra dentro de mi propósito detenerme a tratarlos uno por uno. Tan sólo daré unas pinceladas sobre estos dos últimos.

Sobre el primero, hace cuatro años coordiné un libro sobre educación afectiva y sexual en los ámbitos familiar y educativo, en el que colaboraron varios especialistas más. En este momento, mantendría buena parte de lo que dijimos en aquel entonces y añadiría cuanto hace referencia a la perspectiva transgeneracional y a las implicaciones familiares en la forma de vivir la sexualidad, las relaciones de pareja y la relación entre masculinidad y femineidad. Por lo demás, incidiría de nuevo en la importancia de ir más allá de la pura prevención y en que lo más bonito que podemos decirles a nuestros hijos es que traten de relacionarse con una persona que los trate con respeto, delicadeza, ternura y pasión, no sólo en los momentos puramente sexuales.

En cuanto a drogas, pertenezco a una generación donde no estaban tan al alcance de cualquiera como ahora y no

Adolescentes. «Qué maravilla»

llegué a probar una sola calada de un porro las pocas veces que me lo ofrecieron. Tampoco fumo y sólo bebo algo de alcohol, por lo que debo de ser un caso bastante atípico.

En la actualidad, alcohol y tabaco siguen siendo las drogas más consumidas por los menores. También uno de cada tres jóvenes entre catorce y dieciocho años han probado alguna vez alguno de los derivados del cannabis (marihuana, hachís, etc.). El consumo de cocaína ha descendido un poco y el de éxtasis y otras drogas de síntesis o diseño se ha consolidado en ciertos ambientes. Tener un control absoluto sobre esta cuestión es difícil, pero hay varias cosas que los padres debemos hacer:

- Decirles que, excepto tabaco y alcohol, el resto de drogas son ilegales.
- Saber por dónde andan nuestros hijos y fijar unos horarios prudenciales de vuelta a casa, en consonancia con su edad y madurez.
- Recordarles que todas las personas que llegan a engancharse empezaron consumiéndolas esporádicamente y que al principio decían que «controlaban».

Son interesantes algunos estudios que apuntan a la posible función sistémica de las drogas y explican qué historia personal y familiar y qué emociones de fondo tratan de encubrir y compensar cada una.

Muy relacionado con esto último está el tema de los conciertos, que ponen de manifiesto la necesidad de los jóvenes de sentir y «conectarse». Ayudarles a conectarse con sus sentimientos profundos y a vincularse plenamente a los suyos y a la vida es la mejor prevención para que no tengan que recurrir a sustancias artificiales para conseguirlo.

Nosotros ya te hemos dado suficiente

Hace poco estuve conversando con una mujer de setenta y tres años, madre de tres hijas y abuela de tres nietas, que enviudó hace un tiempo: «Aunque termine la adolescencia esto no se acaba —me decía resignada y con buen humor—. Una no se jubila nunca de madre».

Me contaba que sus hijas —mayores de cuarenta años las tres- recurrían a ella cada dos por tres cuando tenían problemas y que a menudo lo hacían en tono de reclamo, como si ella tuviera que tener soluciones para todo, e incluso como si ciertos problemas los tuvieran por su culpa, por cómo ella las había educado.

A veces los hijos/as nos pasamos la vida reclamando atenciones, ayuda, dinero, cariño, etc. a nuestros padres y echándoles en cara todo aquello que no nos dieron. Algunos nos quejamos de no haberlos tenido a nuestro lado o de no recibir el afecto que necesitábamos, otros nos quejamos de que no nos dejaron hacer tal o cual cosa, los hay que incluso nos quejamos de ser el hermano mayor, el mediano, el pequeño, el cuarto o el séptimo…

Por lo menos una docena de conocidas mías están enojadas con su madre porque, según consideran, siempre le hizo más caso a sus hermanos/as que a ellas mismas y nunca las valoró lo suficiente.

También hay hijos que se aprovechan de sus padres y les juzgan sin ningún derecho. Me contaron el caso de un chico de treinta años que duerme en su propio piso, pero come y cena cada día en casa de sus padres y le lleva la ropa a la madre para que se la lave. Sé de una chica de unos veintitantos que les recrimina a sus padres que a ella le den el dinero justo y ellos se gasten lo que quieran en sus cosas: «¡Ni que lo ganara ella! –me decía el padre–. Puedo hacer con mi dinero lo que quiera, tirarlo por el balcón si me apetece. Aún gracias que le doy algo».

Si nuestros hijos se instalan en una actitud de reclamo o de abuso, llega un momento en que debemos decirles lo siguiente: «Nosotros ya te hemos dado suficiente y hemos hecho suficiente. Ahora te toca a ti ver qué haces con ello».

Los hijos pueden hacer algo bueno con lo que los padres les hemos dado y es su responsabilidad lograrlo. Cuando ha habido una herida muy profunda en el vínculo y la relación ha quedado muy dañada, es más difícil, pero no imposible.

Una persona se queda en paz consigo misma y madura de verdad cuando, en lugar de querer cambiar el pasado y luchar contra lo que fue y lo que no fue, aprende a verlo de otra manera y comienza a valorar lo que sí hicieron y lo que sí le dieron sus padres, fuera lo que fuera. Lo más grande ya lo tenemos –la vida–, y necesitamos tomar esa vida tal y como nos ha sido dada para poder pasársela con fuerza a nuestros hijos y que ellos puedan seguir pasándola hacia delante también con fuerza, esperanza y gratitud.

En mi mesa vas a tener un plato, pero mejor que no te haga falta

Uno de los indicios inequívocos de haber madurado y de habernos convertido en adultos es abandonar, por tanto, la queja y el reclamo continuos y comenzar a practicar la gratitud, así como hacernos cargo de nuestra propia vida y asumir plenamente nuestras responsabilidades.

Lo de acudir constantemente a papá o a mamá en actitudes de víctima, demandando que se apiaden de nosotros y nos solucionen los problemas no es propio ni siquiera de los adolescentes. Es directamente una actitud infantil.

«Mientras yo viva siempre tendrás un plato en mi mesa, pero mejor que no te haga falta», me han dicho desde pequeña mis padres.

Siempre les he tenido detrás y en momentos difíciles me han prestado todo su apoyo. Lo digo en plural, aunque mi padre muriera hace ya veintitrés años, porque en mi madre sigo viéndoles a los dos y en mí siguen estando los dos. Que tus padres te abran sus brazos, su corazón y su casa es una auténtica bendición para un hijo, pero al mismo tiempo exige por nuestra parte un compromiso de no aprovecharnos y no recurrir a ello a no ser que sea estrictamente necesario. De lo contrario, supone un no querer crecer y un abuso inadmisible hacia ellos.

Actualmente, muchos hijos entran y salen de las casas de los padres completamente a su antojo. Se independizan y se van. Tienen problemas y regresan. Se casan o se juntan con alguien y se van. Se separan y regresan. Con la excusa de que no pueden pagar la hipoteca o de lo que sea, muchos viven como reyes, mientras sus padres tienen que cargar con una serie de responsabilidades que ya no les corresponden. Como siempre, el problema no es de los hijos, sino de los padres, por consentirlo.

«Piénsatelo bien si te vas, porque aquí no admitimos el derecho de devolución», le dice una amiga mía a su hija.

Si fuera necesario, estoy convencida de que acogería amorosamente a mis hijos bajo mi techo y ellos lo saben, pero prefiero que alcen el vuelo y hagan frente a las dificultades de la vida por sí mismos. Mi cariño y mi apoyo los van a tener siempre, e incluso cuando ya no esté me gustaría que siguieran sintiéndose impregnados de ellos…

Sin embargo, llega un momento en que los hijos tenemos que dejar de dar preocupaciones a los padres y comenzar a darles la alegría y la satisfacción de ver que, con lo que nos han dado, somos capaces de salir adelante y sacarnos las castañas del fuego nosotros mismos.

Algo sagrado

Los adolescentes están a veces contra el mundo y el mundo se vuelve a veces contra ellos.

Por ejemplo, hay personas mayores que no los soportan y no los pueden ver ni en pintura. He hablado varias veces sobre este tema con adolescentes y se quejan de que les exigen un respeto y unos modales que muchos no tienen con ellos. En una ocasión me contaban que las personas mayores quieren que se levanten y les cedan el sitio en el autobús, el metro o el tren y que en cambio nadie se levanta cuando son ellos los que llevan, por ejemplo, una pierna escayolada o van con muletas.

He podido comprobar por mí misma los malos ojos con que miran muchas personas mayores a cualquier adolescente y cómo los ponen verdes o los reprenden a la mínima. Si un adolescente pisa sin querer a una persona mayor, es muy probable que ésta le chille o le mire mucho peor que si fuera yo u otro adulto quien le pisara. Sin embargo, a mi modo de entender, esto no exime a los adolescentes del deber de tratar a los mayores con el mayor de los respetos.

Bajo mi punto de vista, ni siquiera el hecho de que ellos no sean con nosotros todo lo respetuosos que sería deseable, justifica que tratemos mal a una persona mayor.

Para mí, el respeto a los mayores es algo sagrado y procuro no entrar en conflicto con ellos, aunque a veces sus actitudes no me gusten. Si, por ejemplo, una persona mayor se me cuela en el mercado, no me molesta lo mismo que si se me cuela cualquier otra persona. Pienso que en realidad llegó bastante antes que yo (a la vida) y lo relativizo. Tal vez estén cansados de llevar toda una vida esperando aquí y allá, tal vez quieran aprovechar el tiempo que les queda haciendo otras cosas que cola en el mercado… Quién sabe y qué más da.

A mis dos hijos no les permito que traten mal a sus abuelas (sus dos abuelos ya no viven). Estamos aquí gracias a ellos y les digo siempre que aun en el caso de que algún día les dijeran alguna inconveniencia, no se la tomen muy a pecho. También que si conforme vayan haciéndose mayores se les fuera un poco la cabeza, que no se burlen jamás de ellas, que las traten siempre con cariño, respeto y ternura, pues seguirán siendo sus abuelas y seguirán necesitando y mereciendo toda la vida un trato digno y amoroso.

Una sociedad que ensalza a los niños y a los jóvenes y menosprecia a sus mayores no puede ir bien. Tampoco puede ir bien una sociedad que no mira con buenos ojos a los adolescentes y no confía en las nuevas generaciones.

Mirarlos con buenos ojos

Cuando, a pesar de todo lo que no fue como desearíamos y de los problemas y dificultades que surgen inevitablemente en las relaciones entre padres e hijos, se es capaz de sentir gratitud hacia los propios padres y confianza en los propios hijos, se está en paz.

Siempre he querido mirar bien a los adolescentes. Mirarlos con ternura, con amor, con esperanza. Pensando que harán lo que les corresponde, lo que es propio de su tiempo y su generación, y sabiendo que cometerán errores –como todos–, pero que lo que hagan estará bien como esté.

Con la mano en el corazón, no puedo pensar que soy mejor que ellos o que lo hago mejor que ellos. Cuando les miro y les observo, veo que están llenos de posibilidades y, al mismo tiempo, veo su fragilidad. Por eso me gusta mucho decirles lo bueno que veo en ellos que nosotros no teníamos y que representa una evolución. Porque lo hay. Y constato que lo necesitan, que les fortalece y lo agradecen cuando se lo digo. A su vez, decirles lo que me gusta de ellos y lo que me parece bueno me confiere una autoridad más sólida y pone las cosas más fáciles para que también ellos respeten lo anterior, lo que ha sido bueno en nosotros y ha sido bueno en otros tiempos y generaciones.

Como avancé al principio, me molesta y me duele en el alma cuando oigo hablar mal de ellos, cuando se dice que la juventud cada vez es peor y se les mira como si fueran todos unos maleducados, unos drogadictos e incluso unos delincuentes.

No está bien proyectar nuestros propios fracasos, errores y frustraciones en ellos o liberar nuestras tensiones internas despotricando contra ellos. A veces, nuestra forma de mirarlos es una agresión mayor y más dañina que muchos de sus comportamientos. En realidad, las personas que se pasan la vida hablando mal de los jóvenes son muy a menudo personas resentidas, insatisfechas, infelices. Las personas maduras, centradas y más o menos felices pueden enojarse en momentos puntuales con determinadas actitudes o comportamientos adolescentes, pero ello no impide que puedan seguir mirándolos con buenos ojos.

Para crecer sanamente y convertirse en personas de bien, ellos necesitan ser mirados con buenos ojos. Incluso cuando tengamos unas ganas irresistibles de enviarlos a Marte o de irnos nosotros, hay que seguir mirándolos con buenos ojos.

Nuestra mirada condiciona su futuro y su futuro es responsabilidad tanto suya como nuestra.

Madurar es «volver a casa»

No nos tendría que preocupar tanto que nuestros hijos adolescentes se muestren rebeldes y se alejen de nosotros. Para crecer necesitan tomar distancia de lo familiar y conocido hasta entonces. Para ser necesitan diferenciarse. Para autoafirmarse y conocer sus límites necesitan oponerse.

Pero cuidado con las adolescencias eternas. Como ya hemos dicho, la adolescencia es sólo un lugar de paso y los que se definen por siempre jamás en oposición a los suyos y a su pasado, y los que para sentir que existen necesitan discrepar, no acostumbran a ser otra cosa que adolescentes cristalizados.

El auténtico ser no nace de la ruptura, sino de la integración, de haber pasado por el propio tamiz todo lo recibido y de haber asentido libremente a ello en lugar de acatarlo ciegamente.

Dicho en otras palabras, madurar es volver a casa. Crecer es regresar al hogar y abrazar las propias raíces después de haberlas confrontado, acercarnos con humildad y gratitud a nuestros padres y maestros después de habernos alejado con cierto orgullo necesario. Es abandonar la sumisión al tú y también la egolatría del yo, para aprender a conjugar un nosotros que contenga parte de los otros y parte de uno mismo, pues mal si somos solamente lo que otros quieren que seamos y mal si queremos ser solamente nosotros mismos. Ni siquiera los que más libres y hechos a sí mismos se creen lo son tanto como piensan.

Mi madre me dijo una vez que una persona ha madurado de verdad el día que es capaz de decir: «Sí, mamá», desde el alma, no por acatamiento, por obediencia ni por sumisión. Me dijo que ni siquiera hacía falta que se lo dijera directamente a ella, que bastaba con que lo sintiera en mi interior, y que cuando llegara ese momento, experimentaría una agradable sensación de estar en sintonía con los míos y con mi historia y de no querer ser otra cosa que lo que soy.

A mis cuarenta y cuatro años estoy comenzando a comprender un poco qué me quiso decir mi madre. No puedo esperar que mis hijos lo entiendan a los catorce o a los dieciocho. Pero sí puedo confiar en que algún día también ellos se sientan en sintonía con lo que llevan inscrito en lo más dentro y lo más profundo de sí y puedan sentir en sus corazones un ápice de gratitud por el fuego sagrado de la vida que, a veces con más acierto y otras con menos, su padre y yo les hemos pasado.

¿Te he dicho que te quiero?

Me gustaría cerrar el círculo acabando como he comenzado. Con una referencia final a las caricias, como alimento para el alma.

Durante la adolescencia de mi hijo, ha habido veces que me he acordado de su madre, que soy yo.

Sin embargo, son muchos más los momentos que he podido mirarle con infinita ternura y que he dado gracias al cielo, a la vida y a su padre por tenerlo. Aunque hayan surgido dificultades y hayamos tenido encontronazos, todo vale la pena por encontrarme con sus ojos y disfrutar de su presencia, por verle crecer y madurar, por descubrir en él tanto de nosotros y, al mismo tiempo, verle hacerse hombre a su manera...

Hay infinidad de pequeños grandes momentos que tienen que ver con él, desde la alegría de esperarlo y de ver por primera vez su carita, hasta el gozo de acompañar sus primeros pasos y de mirarle mientras duerme, o las risas, sonrisas, caricias y arrumacos que seguimos compartiendo en el día a día.

A menudo, cuando siento brotar un impulso que desde el fondo de mi corazón se dirige al fondo del suyo, me acerco a él y le digo:

«¿Te he dicho alguna vez que te quiero?».

Le digo también que me gusta que sea mi hijo mayor, que me encanta como es, que soy feliz viéndole crecer y diciéndole que le quiero, que aunque a veces me enfade y tenga que ponerme seria con él, le sigo queriendo igual, que en mí va a encontrar siempre calor de hogar, que es una maravilla ver la persona en que se ha convertido y una auténticia delicia conversar con él…

Las caricias abren las puertas del corazón. Permiten que el tiempo se pare, que las heridas se curen, que nuestra presencia se vuelva más amorosa y envolvente, que podamos regalarnos momentos mágicos y que se multiplique hasta el infinito la belleza de cada pequeño gesto y de cada pequeño instante.

Recordémoslo. Nuestros hijos necesitan amor y autoridad. Ternura y normas, dicho con otras palabras. Ni el autoritarismo ni la permisividad absoluta son buenos. El ejercicio firme y sereno de la autoridad requiere claridad y valentía por nuestra parte y no sólo es compatible con la afectividad y la práctica de las caricias, sino que es más efectivo cuando éstas se dan.

Bibliografía

ALBALADEJO, M., *La comunicació més enllà de les paraules. Què comuniquem quan creiem que no comuniquem*, Barcelona, Graó, 2007.

BACH, E.; DARDER, P., *Sedúcete para seducir. Vivir y educar las emociones*, Barcelona, Paidós. (edición catalana: edicions 62), 2002.

—, *Des-edúcate. Una propuesta para vivir y convivir mejor*, Barcelona, Paidós. (edición catalana: edicions 62), 2004.

BACH, E.; MARTÍ, C., *El divorcio que nos une*, Barcelona, Ceac, 2007.

BAYARD, R. T.; I BAYARD, J., *¡Socorro! Tengo un hijo adolescente*, Madrid, Temas de hoy, 1991.

BETTELHEIM, B., *No hay padres perfectos*, Barcelona, Grijalbo, 1989.

CALATAYUD, E., *Reflexiones de un juez de menores*, Granada, Dauro, 2007.

CASTELLS, P.; SALGADO, G., *Salir de noche y dormir de día*, Barcelona, Planeta, 2001.

CORKILLE, D., *El niño feliz. Su clave psicológica*, Barcelona, Gedisa, 1994.

DAVIS, P. K., *El poder del tacto. El contacto físico en las relaciones humanas*, Barcelona, Paidós, 1998.

Elias, M. J.; Tobias, S. E.; Friedlander, B. S., *Educar adolescentes con inteligencia emocional*, Barcelona, Plaza Janés, 2001.

Elzo, J., *El silencio de los adolescentes*, Madrid, Temas de hoy, 2000.

Faber, A.; Mazlish, E., *Cómo hablar para que sus hijos le escuchen y cómo escuchar para que sus hijos le hablen*, Barcelona, Medici, 1997.

Folch i Camarasa, LL.; Folch i Soler, LL. i J., *Educar els fills cada dia és més difícil*, Vic, Eumo, 1994.

Ford, J., *Cómo vivir con tu hijo adolescente (aunque parezca imposible)*, Barcelona, Integral, 1998.

Garrido, V., *Los hijos Tiranos. El síndrome del emperador*, Barcelona, Ariel, 2005.

Garriga, J., *¿Dónde están las monedas? El cuento de nuestros padres*, Barcelona, Rigden-Institut Gestalt, 2006.

Goñi, C.; Guembe, P., *No se lo digas a mis padres*, Barcelona, Booket, 2006.

Hellinger, B., *Reconocer lo que es. Conversaciones sobre implicaciones y desenlaces logrados*, Barcelona, Herder, 2000.

—, *Órdenes del amor. Cursos seleccionados de Bert Hellinger*, Barcelona, 2001.

—, *El centro se distingue por su levedad*, Barcelona, Herder, 1996.

Miller, A., *El drama del niño dotado y la búsqueda del verdadero yo*, Barcelona, Tusquets, 1985.

Naouri, A., *Padres permisivos, hijos tiranos*, Barcelona, Ediciones B, 2005.

Pérez Simó, R., *Lo mejor y lo peor de la adolescencia*, Barcelona, Cahoba, 2007.

Saz-Marín, A. I., *SOS Adolescentes*, Madrid, Aguilar, 2007.

Salmurri, F., *Libertad emocional*, Barcelona, Paidós, 2004.

Bibliografía

Soler, J.; Conangla, M. M., *Ámame para que me pueda ir,* Barcelona, Amat, 2006.

Suris, J. C., *Un adolescente en casa,* Barcelona, Debolsillo, 2007.

Thió de Pol, C., *Entre pares i fills,* Barcelona, Barcanova, 1994.

Vallejo-Nágera, A., *La edad del pavo. Consejos para lidiar con la rebeldía de los adolescentes,* Madrid, Temas de hoy, 1997.

Watzlawick, P., *Lo malo de lo bueno,* Barcelona, Herder, 1986.

Wolf, A. E., *No te metas en mi vida. Pero antes, ¿me llevas al burger?,* Madrid, Alfaguara, 2001.

Este libro ha sido escrito en Vilanova i la Geltrú (Barcelona), en el verano de 2007, muy cerca del mar, en una casa llena de luz y de muchos colores que José y yo arreglamos con mucho amor, delante del puerto de pescadores, con los destellos del faro centelleando en la noche y acompañada casi permanentemente por el sonido de fondo de un piano o de un saxo, y por el cariño y el apoyo de los míos.

Su opinión es importante.
En futuras ediciones, estaremos encantados
de recoger sus comentarios sobre este libro.

Por favor, háganoslos llegar a través de nuestra web:

www.plataformaeditorial.com

Para adquirir nuestros títulos,
consulte con su librero habitual.

«En esta tierra hay plagas y víctimas y,
en la medida de lo posible, hay que negarse
a estar con la plaga.»*
ALBERT CAMUS

«*I cannot live without books.*»
«No puedo vivir sin libros.»
THOMAS JEFFERSON

Desde 2013, Plataforma Editorial planta
un árbol por cada título publicado.

* Frase extraída de *Breviario de la dignidad humana* (Plataforma Editorial, 2013).